PRAKTI

met
gebruiksaanwijzing
&
40 verschillende pendelkaarten

D. Jurriaanse

UITGEVERIJ SCHORS - AMSTERDAM

Zevende druk

ISBN 90 6378 209 8
NUGI 624

GEBRUIKSAANWIJZING

Een pendel kan zowel van goud, zilver, ijzer, koper, brons, hout als glas vervaardigd zijn. Gebruik om te beginnen echter bij voorkeur een pendel die gemaakt is van materiaal dat aan je sterreteken verwant is. Qua vorm kan het best een spits toelopende pendel aangeschaft worden, zoals op afbeelding I is weergegeven. Voor de eerste experimenten kan bovendien beter een niet te zware pendel genomen worden. Hij mag 10 tot 25 gram wegen en de ketting of zijden draad waaraan hij hangt, moet ca. 20 tot 30

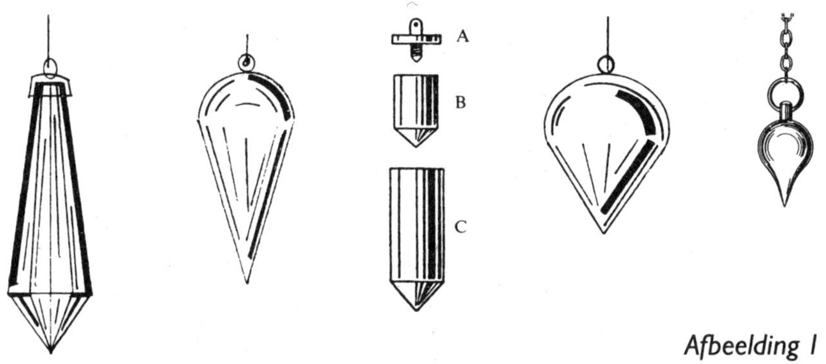

Afbeelding I

centimeter lang zijn. De draad moet ongeveer de lengte van de onderarm (gemeten van elleboog tot vuist) evenaren.

Voor beginners is de volgende houding aan te raden. Plaats de elleboog stevig op een tafel en houd de pendel één tot twee centimeter boven het uit te pendelen voorwerp. Iedere onnodige spanning van spieren, in het bijzonder die van arm en hand, dient daarbij te worden vermeden. Tracht je nu te koncentreren, zonder aan iets konkreets, iets specifieks te denken. Het beste kun je er van uitgaan, dat je op een bepaald gebeuren zit te wachten, waarvan je geen idee hebt wat dat kan zijn. Lichaam en geest moeten ontspannen en passief blijven en iedere overbodige energietoevoer dient achterwege te blijven.

Het pendelen geschiedt met de rechterhand, ook indien je linkshandig bent. Houd de linkerhand losjes op de rug, spreid de duim en de vingers daarvan iets uit en pas er voor op dat deze niet met elkaar in aanraking komen, daar dit door de eigen polariteit van de vingers, storingen kan veroorzaken.

Leg, nu aan de voorwaarden om te kunnen pendelen voldaan is, iets dat van goud gemaakt is voor je onder je pendel en wacht rustig af wat gaat gebeuren. De eerste bewegingen van de pendel zullen een ervaring

Afbeelding 2

voor je zijn, want je zult duidelijk en bewust voelen dat niet jij, je arm of je vinger deze bewegingen oproepen, maar dat er sprake is van een op elkaar inwerken van krachten. Wees je nu van het feit bewust dat je deel uitmaakt van het oneindige krachtveld van de kosmos en besef dat je dit krachtveld daadwerkelijk kunt voelen. Naarmate je meer ervaring opdoet, zul je je minder strak aan deze voorschriften hoeven te houden. In de echte pendelmagie wordt de houding van hand en vingers vaak bewust veranderd om het 'aanvoelen' sterker te maken.

De pendel kan drie soorten figuren beschrijven: cirkels, ellipsen en een rechtlijnige baan. De veranderlijkheid van deze figuren is zeer groot. Afbeelding 2 geeft je daar een overzicht van.

Houd bij het pendelen de blik op de punt van de pendel gevestigd, maar zorg ervoor dat je ogen niet een denkbeeldige pendelbaan beschrijven, want dat zou het resultaat kunnen beïnvloeden. Alle voorwerpen die je wilt uitpendelen, moeten tevens van tevoren van vreemde stralingen ontdaan worden om te voorkomen dat deze een rol spelen. Dit kan gebeuren door het betreffende voorwerp enige tijd in stromend water te leggen. Je kunt dit echter ook bereiken door het met de linkerhand te magnetiseren. Daartoe houd je deze hand een stukje boven het voorwerp en haal je enige malen diep adem. Iedere keer wanneer je inademt, stel je je voor dat alle vreemde invloeden, welke zich aan het voorwerp zouden hebben kunnen hechten, door je magnetisch gepoolde linkerhand tijdens het *inademen* worden opgezogen. Na dit enige malen te hebben gedaan, maak je met deze hand een gebaar alsof je er waterdruppels vanaf slaat. Indien nu de pendel *stil blijft hangen*, weet je dat het voorwerp van vreemde invloeden bevrijd is.

Je zult begrijpen dat je juist met het oog op vreemde invloeden ervoor moet waken je pendel niet uit handen te geven. Draag hem daarom zoveel mogelijk bij je, liefst in een zijden doekje.

Voor je met het werkelijke pendelen begint, laad je de pendel eerst op, wat je bewerkstelligt door hem in je rechterhand te nemen en deze een paar keer te beademen. Stel je daarbij zo intensief mogelijk voor dat je de pendel met je eigen levenskracht doordringt. *Vergeet niet dat je verbeelding het machtigste werktuig is waarover je beschikt en dat magie het resultaat is van een op de juiste wijze toegepaste verbeeldingskracht.*

Onze eerste serie experimenten betreft het uitpendelen van mineralen; we doen dit voornamelijk om het type van de pendelfiguur (cirkel, ellips of rechtlijnige figuren) te bepalen. We kunnen het echter ook doen om vast te stellen welke graden hij tussen 0° en 360° beschrijft (zie de pendelkaart over dynamische waarden).

Je neemt nu de pendel ter hand (laten we aannemen dat deze van koper of goud is) en legt er iets van goud onder. Je zult merken dat de pendel langzaam *in een wijde cirkel naar rechts* begint te draaien. Hoe wijd die cirkel is wordt bepaald door de zuiverheid van het goud. Dezelfde figuur als bij goud wordt ook gemaakt bij radium, uranium, calcium, koper, mangaan en platina. Wanneer je nu iets van zilver uitpendelt, krijg je een *draaiing naar links en een neiging tot het beschrijven van ellipsen*. Een dergelijke figuur vind je ook bij ijzer, nikkel, aluminium, zwavel, lood, cadmium en nog enkele andere stoffen.

Ik ben opzettelijk met uitpendelen van goud en zilver begonnen. Je hebt daardoor namelijk de bewegingen ontdekt welke corresponderen met de belangrijkste polariteiten: goud-zilver; zon-maan; mannelijk-vrouwelijk; geest-materie; positief-negatief; dynamisch-receptief. *Een draaiing naar rechts duidt op een mannelijke straling, een draaiing naar links op een vrouwelijke.*

Wanneer je je experimenten uitstrekt tot anorganische substanties, chemische verbindingen, fossielen, planten, reukstoffen, kruiden, eetwaren en dergelijke, doet zich een bijna oneindige reeks van mogelijkheden voor. Probeer zulk soort dingen pas wanneer je het gevoel hebt, dat je je pendel beheerst en weet wat hij je meedeelt.

De volgende stap is het uitpendelen van kleuren. Bestrijk een aantal vellen papier met waterverf of neem gekleurd papier en stel de pendelbanen van de voornaamste kleuren vast. Op afbeelding 3 vind je twee schema's waaraan je je resultaat kunt toetsen. Maak aantekeningen van je bevindingen ter vergelijking met die van de volgende keer.

Wanneer je je zeker genoeg begint te voelen over de uitkomsten van je experimenten, gaan we een stap verder. Je hoeft bij het pendelen nu niet langer je arm op tafel te laten rusten, maar bent vrij in je bewegingen: we beginnen van het zogenaamde 'figuur-pendelen' over te stappen naar het zogenaamde 'graden-pendelen'. De kaart over dynamische waarden is van van een gradenindeling en van de vier windstreken voorzien. Ieder objekt heeft zijn eigen graad, die je door je pendel te weten kunt komen. In de bij de kaart afgedrukte tabel vind je de voornaamste materialen en substanties aangegeven, zodat je je daarop kunt oriënteren. Zij dienen echter alleen als richtsnoer.

We beginnen met het uitpendelen van mensen. Met behulp van de pendel kun je de verschillende lichaamsdelen onderzoeken, waarbij de

Materiaal van de pendel	Slaat uit over ijzer	nikkel	zink	koper	lood	legering
koper	⤢	↻	↔	↻	↻	↻
magnesium	⤢	⤢	↕	⬯	↺	↕
steen	⤢	↕	⬯	↔	↻	↻
hout	↕	⤢	⤢	↔	↻	↻
loopkristal	↻	⤢	⤢	↻	↻	↻
staal	↕	⤢	⬯	↔	○	○
zilver	⤢	⤢	⤢	↔	○	○

Afbeelding 3

stralingssterkte je aanwijzingen geeft over het geslacht, het karakter en de lichamelijke en emotionele gesteldheid van mensen. Op deze wijze kun je ontdekken of er sprake is van een verkeerde polariteit of van een onevenwichtige psyche. Wanneer je bijvoorbeeld bij een man meer ellipsen dan kringen krijgt, kan je aannemen dat hij in aanleg meer vrouwelijk dan mannelijk is. Het duidelijkst reageert de pendel op de geslachtsorganen; de beweging maakt vrijwel meteen duidelijk of je te doen hebt met een zon- of met een maankracht. Om de juiste polariteit te vinden moet je de duim van een mens uitpendelen. In normale gevallen slaat de pendel in wijde cirkels uit. Bij de linkerduim moet dat met de wijzer van de klok mee gebeuren; bij de rechterduim tegen de wijzers van de klok in.

De pendel is ook een uitermate geschikt hulpmiddel om betrouwbare gegevens over iemands geestelijke groei te verkrijgen. Wanneer je de pendel met de vereiste koncentratie boven iemands neuswortel houdt, kun je zijn voornaamste drijfveren te weten komen. Je moet je daarbij koncentreren op *hoofd en zenuwen*. De pendel zal normaal in *rechtsdraaiende kringen* uitslaan, net als bij het hart. Uit de aard der kringen kun je je konklusie trekken. Essentieel daarbij zijn het *aantal kringen* dat de pendel beschrijft, en de *grootte en aard* daarvan. Soms beschrijft de pendel bij *het hoofd en het hart driehoeken*, waarvan de langste punt naar boven is gericht. Dit duidt op *hoger ontwikkeld geestelijk leven* (Afbeeldingen 4 en 5).

Houd nu de pendel eens boven de borst; je zult dan de kracht voelen die de longen uitstralen. *Zieke plekken zijn vaak herkenbaar aan de*

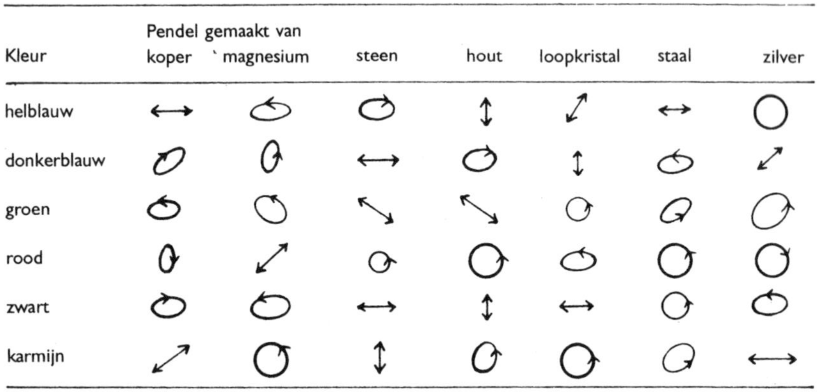

Afbeelding 4

volstrekte stilstand van de pendel. *Trekkende bewegingen* van de pendel in de richting van een punt dat *schuin rechts boven* een orgaan ligt, wijst soms op weefselvernietiging van dit orgaan.

Op dezelfde wijze wordt nu het *hart* onderzocht. Bij gezonde mensen konstateren wij een *gelijkmatige en naar rechts draaiende cirkelbeweging* van de pendel. Iedere afwijking, in de vorm van onrustige bewegingen, trillen of trekken van de pendel, wijst òf op nerveusiteit en overspannenheid, òf op afwijkingen en kwalen van het orgaan zelf.

Pendel nu eens de *maagstreek* en de *Solar Plexus* of zonnevlecht uit. De gebruikelijke *grote, wijde cirkels* tonen duidelijk aan hoe belangrijk dit zenuwknooppunt is en verstrekken inzicht in de funktie en werking van het zenuwstelsel. Houd de pendel boven het *lichaam* en je krijgt *liggende, wijde ellipsen*. Iets meer naar beneden slaat de pendel boven het *onderlichaam* in een *rechte dwarsstreepbeweging* uit en duidt daarmee zuiver vegetatief leven aan. Hier hoort de pendel met deze dwarsstreep te reageren; bij elk ander onderdeel van het lichaam heeft deze uitslag een ongunstige betekenis.

Wanneer de dwarsstreep *niet recht maar scheef* op het lichaam ligt, duidt dit op *sexuele afwijkingen*.

Zo kun je ook foto's, handschriften en zelfs de schaduw van anderen uitpendelen. Steeds zul je de boven omschreven uitslagen krijgen.

Deze experimenten kunnen met andere proeven om de stralingskracht te ervaren afgewisseld worden. Je hoeft het uit te pendelen objekt daarbij niet met de pendel of de hand aan te raken. Het is voldoende als de *aaneengesloten vingertoppen van de linkerhand* op het betreffende orgaan of lichaamsdeel worden gericht. De geestelijke instelling is hierbij van wezenlijk belang. Je zult dezelfde resultaten krijgen als voorheen en je zult die zelfs krijgen als je je de betreffende organen of lichaamsdelen in gedachten voorstelt en die voorstelling dan op een blad wit papier projekteert.

Je kunt op deze wijze ook het nodige over het karakter te weten komen. Ten aanzien van karakteronderzoek met behulp van de pendel heerst veel verschil van mening. Dat is niet zo verwonderlijk wanneer je bedenkt uit hoeveel verschillende trillingen en gradaties van trillingen de persoonlijkheid is opgebouwd.

Houd de pendel boven het midden van de borst en koncentreer je op het uitpendelen van het karakter. Eerst krijg je nu de bekende kringen en ellipsen. Indien deze klein en nauw zijn, duidt dit op bekrompenheid van karakter. Als er een loodrechte staande lijn ontstaat, duidt dit op egoïsme en eigenzinnigheid. Is er sprake van een lange lijn, waarbij de pendel bovendien met kracht uitslaat, dan is de persoon in kwestie energiek en doelgericht, zal hij weinig rekening met anderen houden en kan hij zelfs meedogenloos van aard worden genoemd. Slaat de pendel in rustige, wijde kringen en ellipsen uit, dan heb je te maken met een sterk en konstruktief karakter. Soms zijn de pendelfiguren eerst nauw en worden zij pas geleidelijk aan wijder. Dit betekent dat de betreffende persoon de enge grenzen van zijn bestaan heeft doorbroken en aan een periode van geestelijke groei begonnen is. Worden de aanvankelijk wijde cirkels allengs enger en kleiner, dan duidt dit op een tegengestelde ontwikkeling. Wanneer de door de pendel beschreven figuren zich tot een *liggende ellips* uitbreiden, wijst dit op *tolerantie*, mededogen en begrip voor de menselijke zwakheden.

Wanneer de lijnen *naar beneden, in de richting van de voeten* gaan,

HET UITPENDELEN VAN HET LICHAAM

grote hersenen, gezicht	○ (Δ)	ingewanden	⬭
kleine hersenen, onderkaak, hals	○	onderlijfsorganen	↔
rechter longtop	⤡	rechterbeen, bovenbeen	↕
bronchiën	↕	rechterbeen, knie	○
linker longtop	⤢	rechterbeen, onderbeen	↓
hart	○ (Δ)	linkerbeen, bovenbeen	↓
longen	○	linkerbeen, knie	○
maag	○	linkerbeen, onderbeen	↓
lever	⬭	voeten	○
plexus solaris	○	levenskracht	grote of kleine kring

Afbeelding 5

bestaat er grote belangstelling voor het goede der aarde. Vaak is hier sprake van materialisme. Indien de cirkel die wordt omschreven, aan de bovenkant iets afgeplat is, waardoor de grote hersenen er niet door worden omvat, duidt dit op gebrek aan intelligentie en afwezigheid van spirituele interesse. In dit geval beschrijft de pendel maar één soort figuur: bij mannen slechts neutrale cirkels, bij vrouwen enkel neutrale ellipsen, welke figuren beide op louter vegetatieve funkties duiden.

Eén ding moet je echter steeds voor ogen houden. Bij al deze experimenten kunnen gedachtentrillingen, door jou of anderen opgewekt, storend werken. Het zal duidelijk zijn dat juist de pendel voor gedachtentrillingen zeer vatbaar is. Juist omdat beïnvloeding van de pendel tot de mogelijkheden behoort, moet je des te voorzichtiger werken.

Dit is de plaats om nog een andere belangrijke faktor te berde te brengen. Alle stemmingen, affekten en trillingen van anderen gaan op je over en je kunt hun invloed duidelijk in de arm die de pendel vasthoudt, voelen. Ziekten kunnen eveneens via de pendel worden doorgegeven. Vergeet daarom niet je op de juiste wijze (ritmische ademhaling) te beschermen. Indien je harmonische mensen uitpendelt, slaat de pendel in grote, wijde, rustige cirkels uit en vaak is de draad of ketting zelfs niet lang genoeg om de omtrek aan te geven. Bij het uitpendelen van disharmonische mensen voel je dikwijls afkeer en afschuw, je arm begint te trekken, je wordt moe of je pendel valt uit je hand en je kunt niet verder werken.

In dergelijke omstandigheden is het van belang onmiddellijk ritmisch te gaan ademhalen om zo de negatieve vibraties die bezit van je namen, kwijt te raken. Wanneer je tijdens het uitpendelen van personen een merkwaardig trekken van de pendel naar onderen waarneemt, moet je dit als ongunstig beschouwen. Indien daarbij dan ook nog de beruchte oost-west-lijn ontstaat, wordt dit negatieve nog versterkt. Ook een – één of meerdere keren – veranderen van draairichting van de pendel wijst bij het uitpendelen van een karakter op de aanwezigheid van ongunstige tendenzen.

Je hebt nu genoeg over pendelen gehoord om zelf verder te kunnen experimenteren. Juist bij het karakterpendelen moet je tot konklusies komen die voor *jou* geldend zijn en waarop je je met een gerust hart kunt verlaten.

Probeer ook eens je eigen karakter te ontleden, schrijf de gevonden karaktereigenschappen op en kijk met welke figuren de pendel ze aangeeft. Door op deze wijze te oefenen kun je op het gebied van zelfkennis voortreffelijke resultaten bereiken.

Het zal duidelijk zijn dat je met behulp van de pendel ook sympathie en antipathie – aantrekking en afstoting – tussen mensen, dieren, planten en mineralen kunt vaststellen. *Een omsluitende cirkel duidt op sympathie*, toenadering en verbondenheid; *een scheidingslijn op afstoting* en antipathie.

Indien je wilt weten of twee mensen bij elkaar passen, kun je de pendel tussen hun beide rechterhanden houden. Het resultaat geeft je het antwoord op je vraag.

Zo kun je ook ontdekken van welke stoffen je je moet bedienen en van welke niet. Leg je linkerhand op tafel en leg daarnaast bijvoorbeeld een beetje tabak. Houd daar nu de pendel tussen en koncentreer je op aantrekken of afstoten. Indien je met de betreffende stof *positieve resultaten* kunt bereiken, geeft de pendel dat met *grote cirkels* aan, die soms de hele hand omvatten. In het andere geval wordt er tussen hand en objekt een *strakke scheidingslijn* aangegeven en doe je er verstandig aan je *niet* van de betreffende stof te bedienen. Zo kun je ook geneesmiddelen op hun nut en soort uitpendelen.

Een heel speciaal terrein is het uitpendelen van ziekten. Om er enigszins wegwijs in te worden, moet men er zich intensief mee bezig houden. Op deze plaats kan ik niet meer doen dan enkele korte opmerkingen maken. Hysterie bijvoorbeeld, veroorzaakt nerveuze, levendige pendellijnen, die iets 'opwindends' hebben; zwakke zenuwen worden weergegeven door oost/westlijnen, die steeds kleiner worden en tot stilstand voeren; een zwak denkvermogen blijkt uit nerveuze lijnen boven het voorhoofd, waarbij de pendel aan de uiteinden van de lijnen als tegen vaste wanden stoot die hem terugwerpen.

Nu gaan we het uitpendelen van edelstenen nader bekijken. Je weet dat

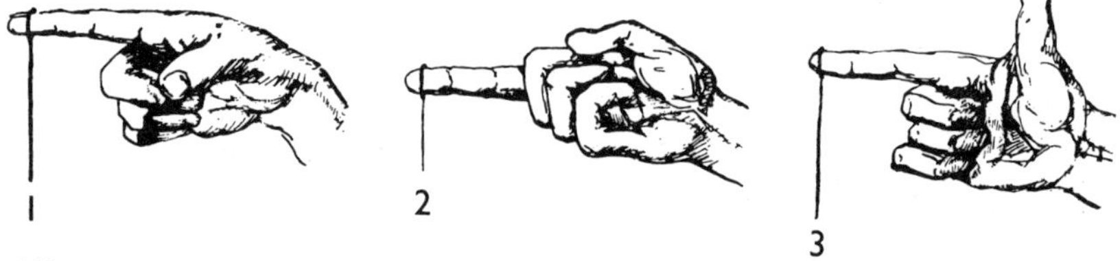

Afbeelding 6

edelstenen magische krachten in zich bergen, die de mens op positieve of negatieve wijze kunnen beïnvloeden. Het is uiteraard van groot belang te weten welke edelsteen bij iemand past.

Juist in deze tijd, waarin synthetische edelstenen worden gemaakt die wat samenstelling, gewicht, hardheid en andere kenmerken betreft, bijna niet van echte te onderscheiden zijn en waardoor zelfs de vakman vaak in verwarring gebracht kan worden, brengt de pendel uitkomst.

Wanneer je je koncentreert op de levenskracht van de stenen, zal deze bij echte stenen heel duidelijk worden aangegeven, terwijl de pendel bij valse edelstenen stilstaat. De pendel kan in dat geval zelfs aangeven uit welke chemische substanties de betreffende onechte steen is samengesteld.

Bij alle experimenten met de pendel waarover tot dusver is geschreven, moet je in principe de werkmethode van de eerste oefening aanhouden. Slechts op deze wijze ontwikkel je geleidelijk je pendelvaardigheid en kun je tenslotte de pendelvorm en vingerhouding gaan veranderen om zo te ontdekken hoe je de hoogste graad van gevoeligheid bereikt waarmee je de fijnste trillingen kunt opvangen. Afbeelding 6 laat je een aantal mogelijkheden zien. Om grove trillingen op te vangen kun je het beste de vingerhoudingen 1 en 2 van afbeelding 6 gebruiken met een konische of buisvormige pendel; in ieder geval moet de pendel hier een grote oppervlakte en een flink gewicht bezitten om de betreffende krachtvelden goed te kunnen opvangen. Hoe subtieler de trillingen, des te fijner moet ook de pendel zijn en des te meer moet ook de vingerhouding ingesteld zijn op kosmische stralingen.

Probeer daarom eens de Od-straling (de aura) van een mens uit te pendelen. Doe dat als volgt. Leg de proefpersoon op de magnetische meridiaan (hoofd naar het noorden, voeten naar het zuiden) en neem alle voorzorgsmaatregelen om vreemde invloeden te weren. Stel je zo passief mogelijk op en begin dan te pendelen.

Je kunt dit op twee manieren doen: ofwel je laat je linkerhand op tien of dertig centimeter hoogte over het lichaam van de proefpersoon glijden en koncentreert je daarbij op de uitstraling, ofwel je brengt de pendel op dezelfde hoogte boven het lichaam. Besteed in het bijzonder aandacht aan de knooppunten van de levenskracht, zoals solar-plexus, pijnappelklier, het hart en de geslachtsorganen.

Het is van groot belang de spanningsverhoudingen tussen Od-stralen en vreemde stralingskrachten te kunnen onderscheiden, want ieder mens heeft zijn eigen krachtveld, dat in staat is het wezen der dingen te onderkennen. Voortdurend ontwikkel je je verder en zo wordt je je bewust van de kern van je eigen wezen. En dat is uiteindelijk de waarde van het pendelen!

PENDELKAARTEN

Lapis lazuli	vriendensteen
Chrysopraas	tegen keelpijn
Olivijn	tegen kwade invloeden
Jaspis	sterkt maag, lever en nieren
Granaat	sterkt de wilskracht
Onyx	sterkt het gehoor
Malachiet	sterkt hart, oog en zenuwen
Rutielkwarts	tegen bronchitis en astma
Bergkristal	sterkt rug en zonnevlecht
Opaal	ongelukssteen, trekt begoochelingen aan
Tijgeroog	verwarmt; tegen angst
Diamant	geeft zelfvertrouwen
Saffier	geeft zuiverheid, gemoedsrust en trouw
Beryl	sterkt het gezichtsvermogen en de lever
Smaragd	sterkt verstand en geheugen
Aquamarijn	houdt jeugdig; bevordert huwelijksgeluk
Hyacinth	bevordert dromen; tegen allergieën
Robijn	weert bederf, koorts en melancholie
Koraal	tegen bloedarmoede
Turkoois	weert ongelukken; vervult wensen
Topaas	weert vijandschap en valse vrienden
Amethyst	tegen dronkenschap, slapeloosheid en migraine
Barnsteen	bevordert het tanden krijgen
Maansteen	maakt vruchtbaar; maakt personeel aanhankelijk en geeft inspiratie in de liefde

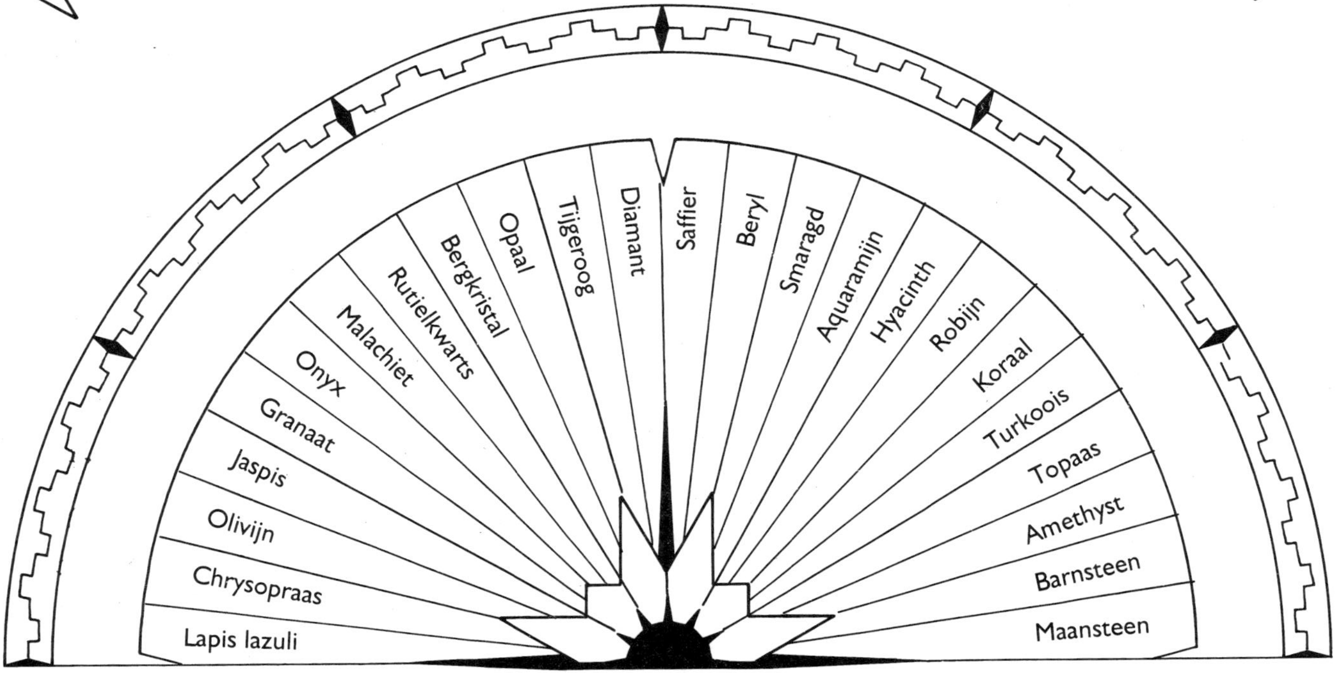

welke (half)edelsteen past het best bij mij?

Donkerrood	temperamentvol
Vuurrood	driftmatig
Scharlakenrood	sensueel
Rozerood	vrolijk
Oranje	eerzucht
Zalmkleur	onvolwassen
Okergeel	achterbaks, sluw, jaloers
Lichtgeel	mentaal aktief
Citroengeel	spiritueel
Groen	beminnelijk
Appelgroen	musikaal
Olijfgroen	melancholisch
Marineblauw	degelijk
Koningsblauw	trouw
Blauwgroen	zelfvertrouwen
Lichtblauw	oppervlakkig
Grijsblauw	bijgelovig
Violet	intuïtief
Lila	geneeskrachtig
Roodbruin	hopeloos
Donkerbruin	gierig, hebzuchtig
Zwart	verdrietig, rouw
Grijs	vrees, timide
Wit	perfektiedrang

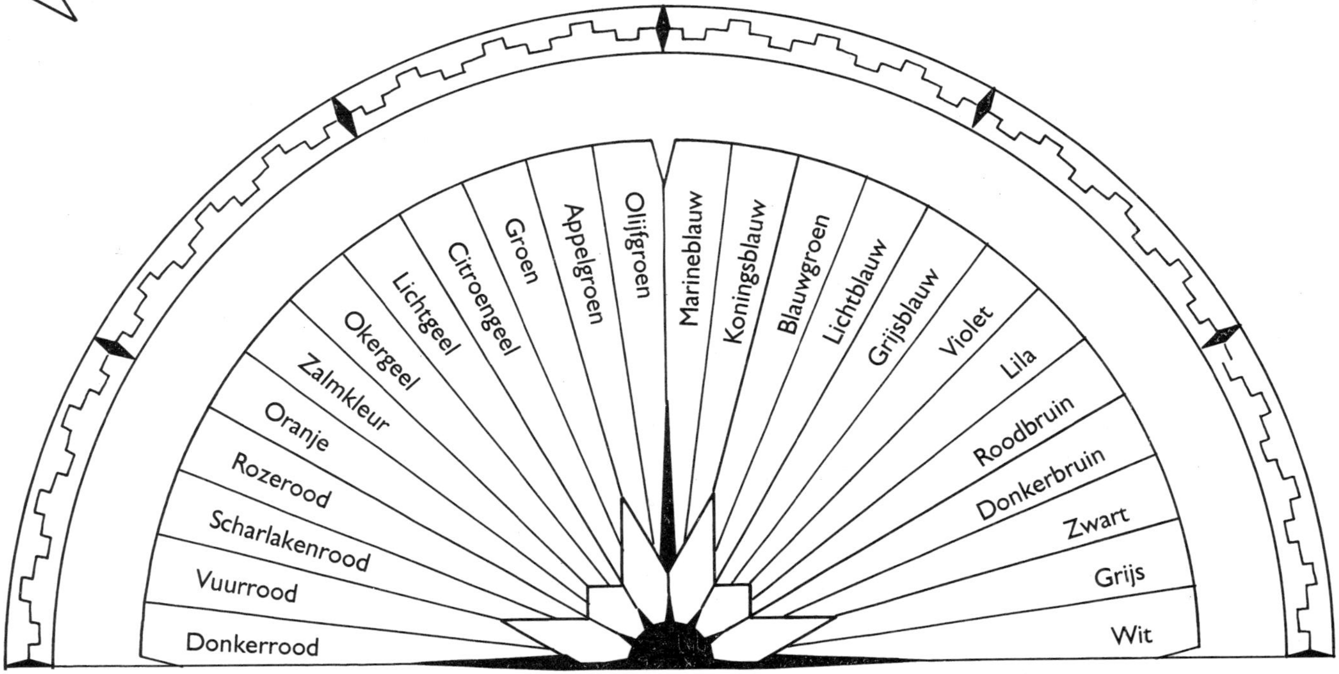

welke kleur past bij mij? of
welke kleur moet ik bij voorkeur dragen? of
met welke kleur moet ik mij omringen?

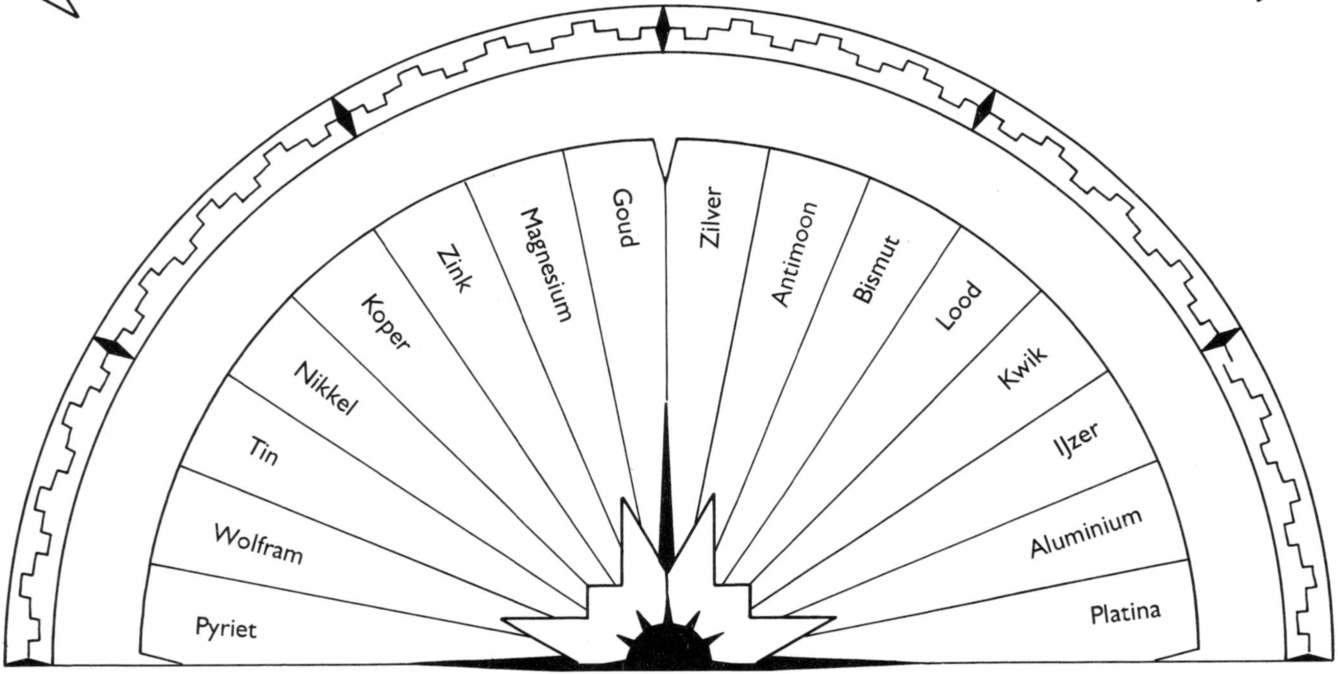

welk metaal past het best bij mij?

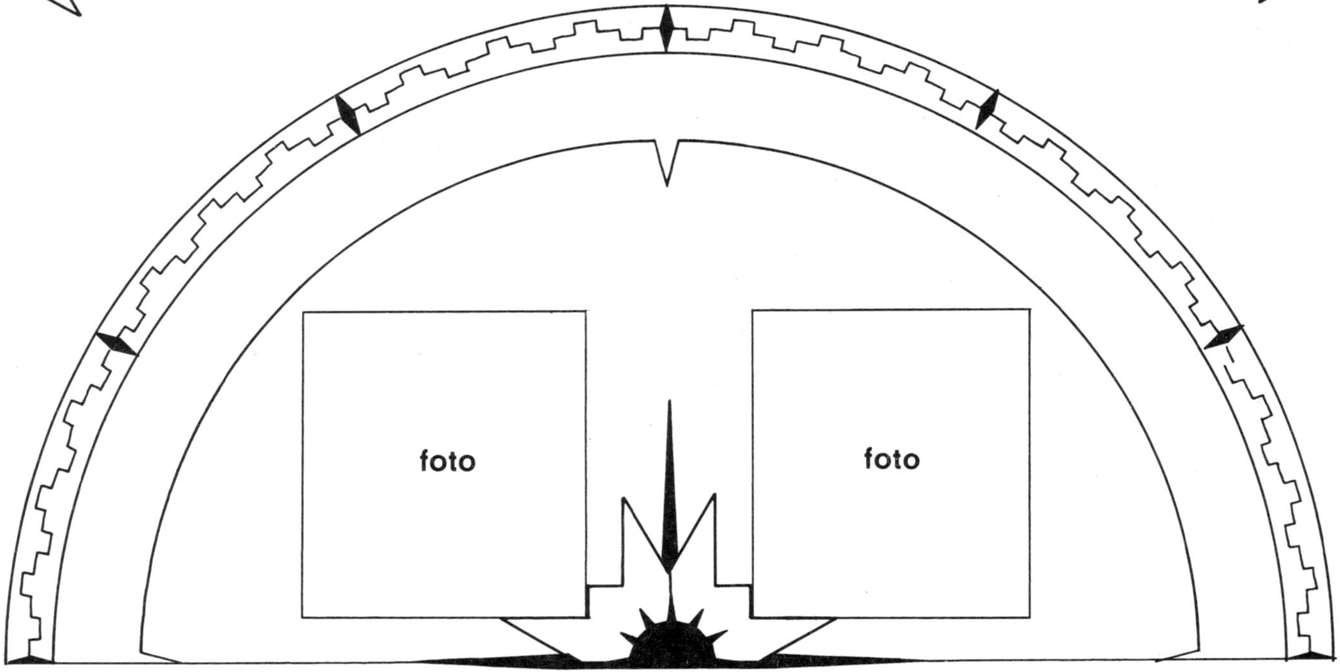

is dit een goede partner? of
is dit een goede vriend? of
is dit een goede kompagnon?

tabel met dynamische waarden

Elementen:	
waterstof	0°
goud	0°
diamant	5°
zilver	45°
zink	67,5°
palladium	90°
uranium	100°
koper	112,5°
iridium	120°
tin	125°
aluminium	130°
platina	135°
nikkel	140°
kobalt	145°
lood	150°
ijzer	157,5°
selenium	175°
phosphor	177,5°
zwavel	180°
kwikzilver	270°
stikstof	270°
chloor	355°
zuurstof	360°
Edelstenen:	
diamant	5°
chrysoliet	247,5°
opaal	247,5°
zuiver bergkristal	267,5°
gem. kwarts	270°
calcedoon	270°
rode toermalijn	280°
granaat	292,5°
jaspis	295°
rooktopaas	297,5°
edele toermalijn	290°
lapis lazuli	290°
saffier	322,5°
beryll	290°
smaragd	297,5°
aquamarijn	300°
smaragd, helgroen	302,5°
chrysoberyll	305°
hyacinth, bleekrood	305°
hyacinth, donkerrood	315°
grijze toermalijn	272,5°
rode toermalijn	ca. 280°
zwarte toermalijn	290°
robijn	312°, 315°
Kleuren:	
kobaltblauw	315°
indigoblauw	255°
helblauw	217,5°
heloranje	222,5°
helrood	215°
helviolet	230°
helbruin	240°
Diversen:	
waterstof	0°
ijs, sneeuw,	202,5°
regenwater, ged. water	180°
messing	ca. 105°
half zilver, half koper	77,5°
gietijzer	150°
Engels staal	152,5°
magneetijzersteen	330°
humusbodem	292,5°
urine	270°
menselijke uitwerpselen	315°
coffeïne	265°
theïne	267,5°
morfine	292,5°

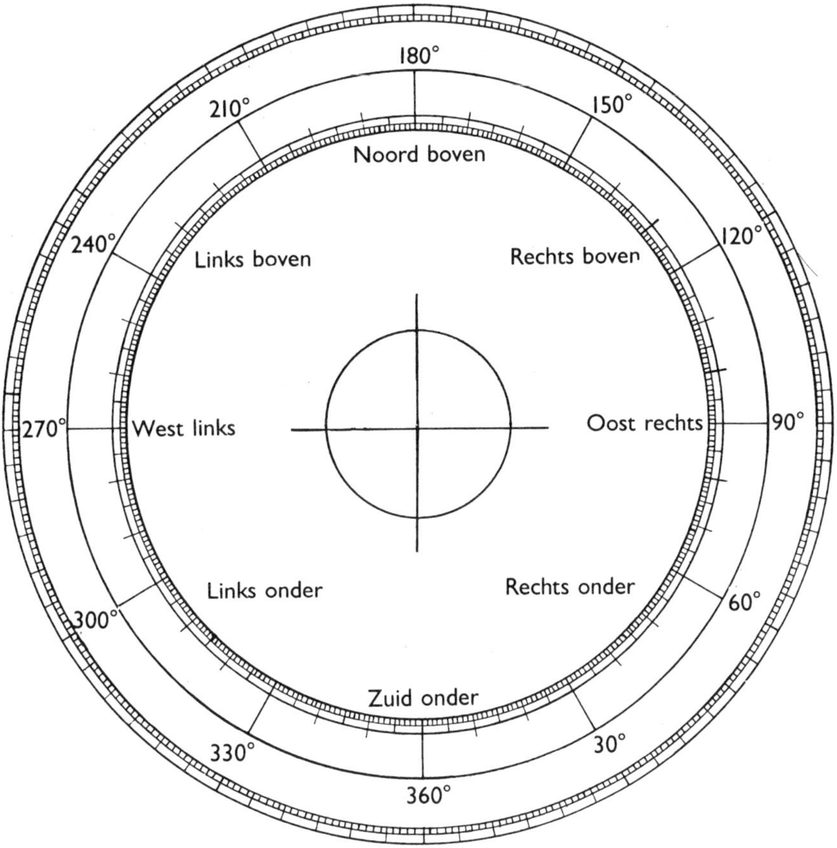

dynamische waarden

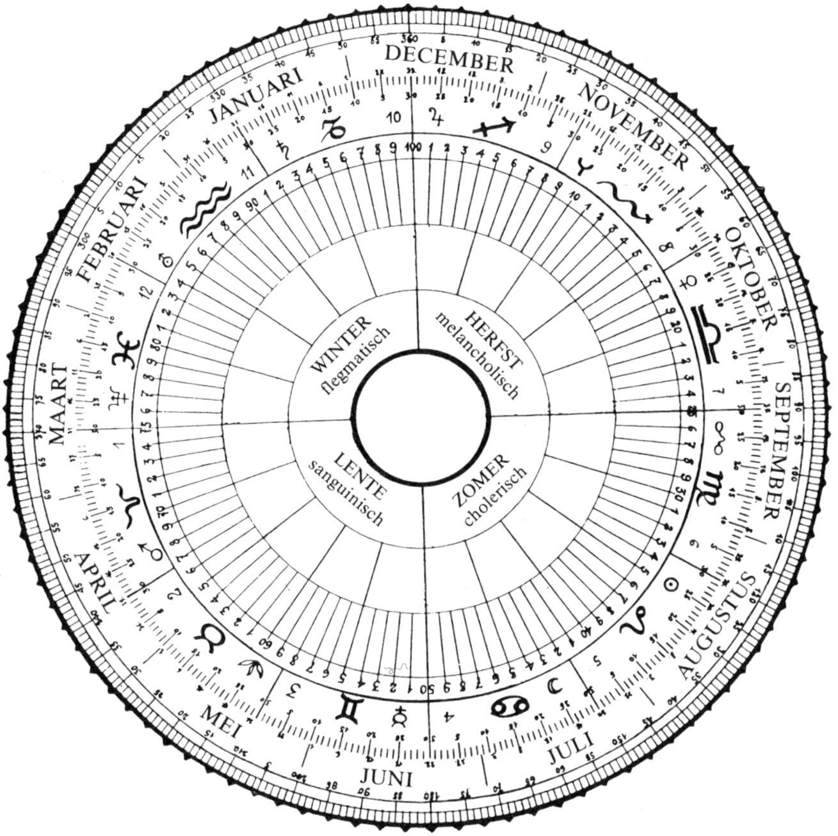

Pendelkaart voor meerdere doeleinden

1. maandendiagram met data
2. seizoenendiagram
3. temperamentendiagram
4. astrologisch diagram
5. rechtsomlopend 100 en 360 gradendiagram

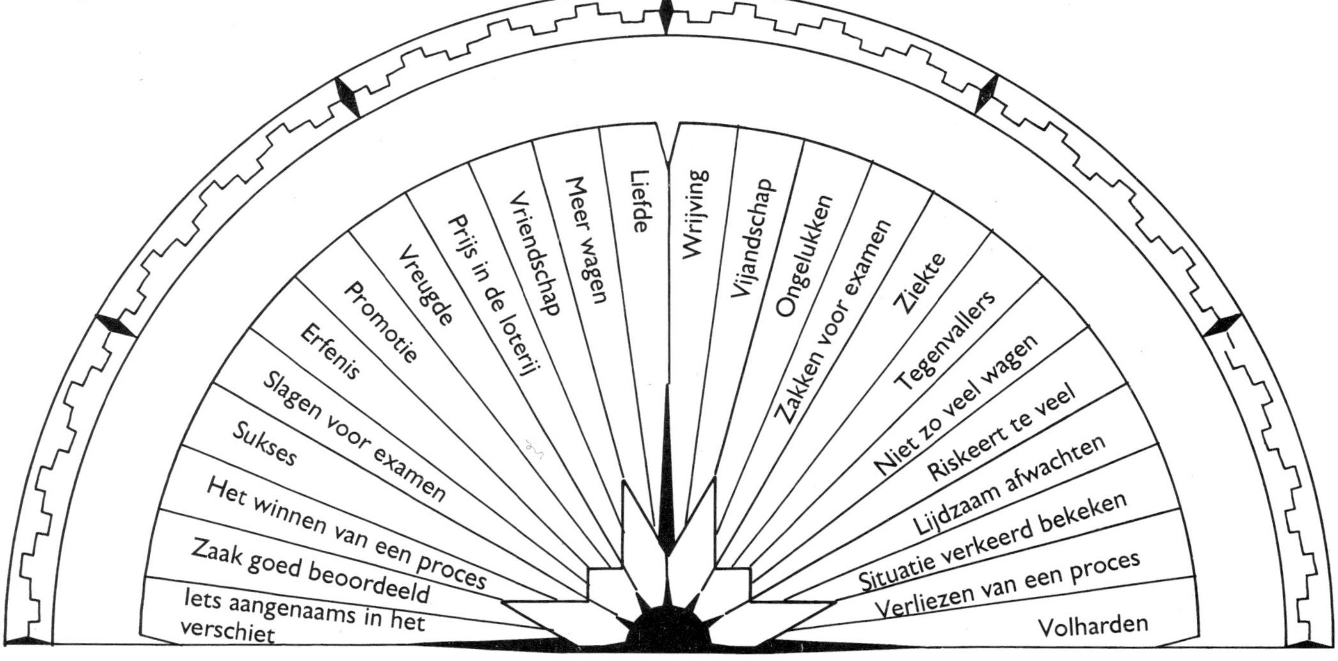

vragen over het lot – wat staat mij te wachten?

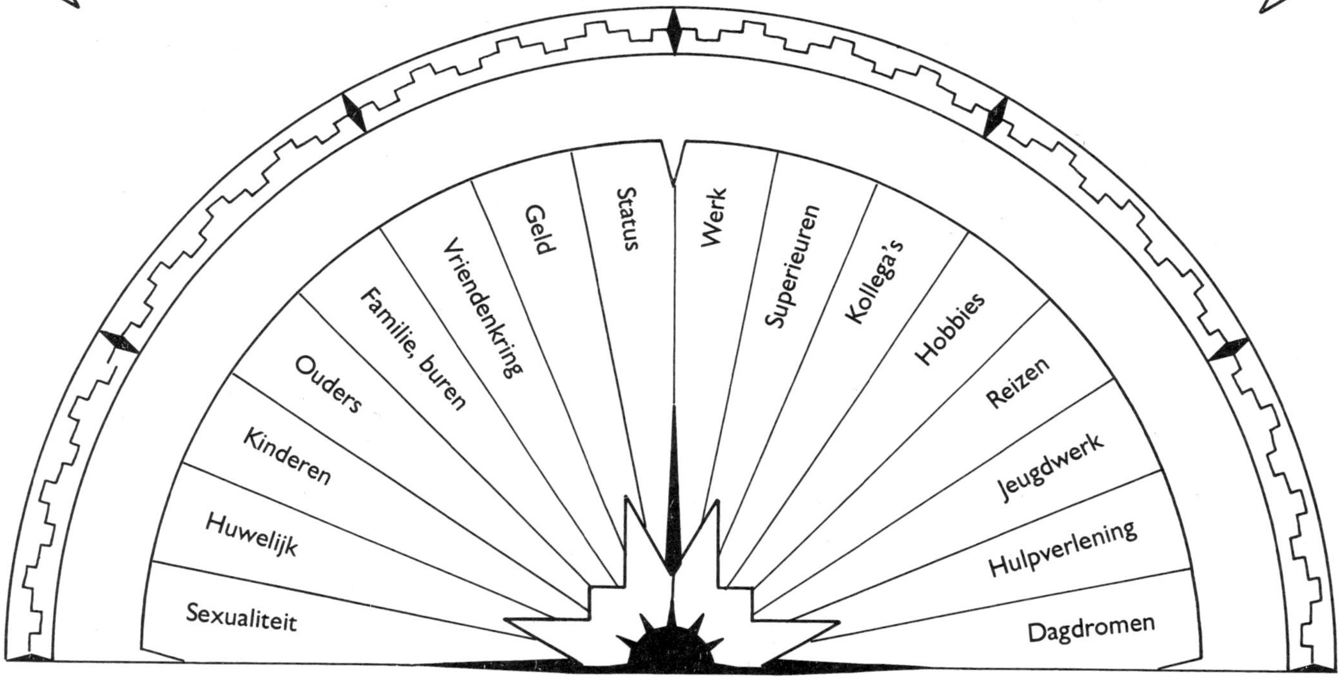

welke faktor speelt een grote rol in mijn leven?

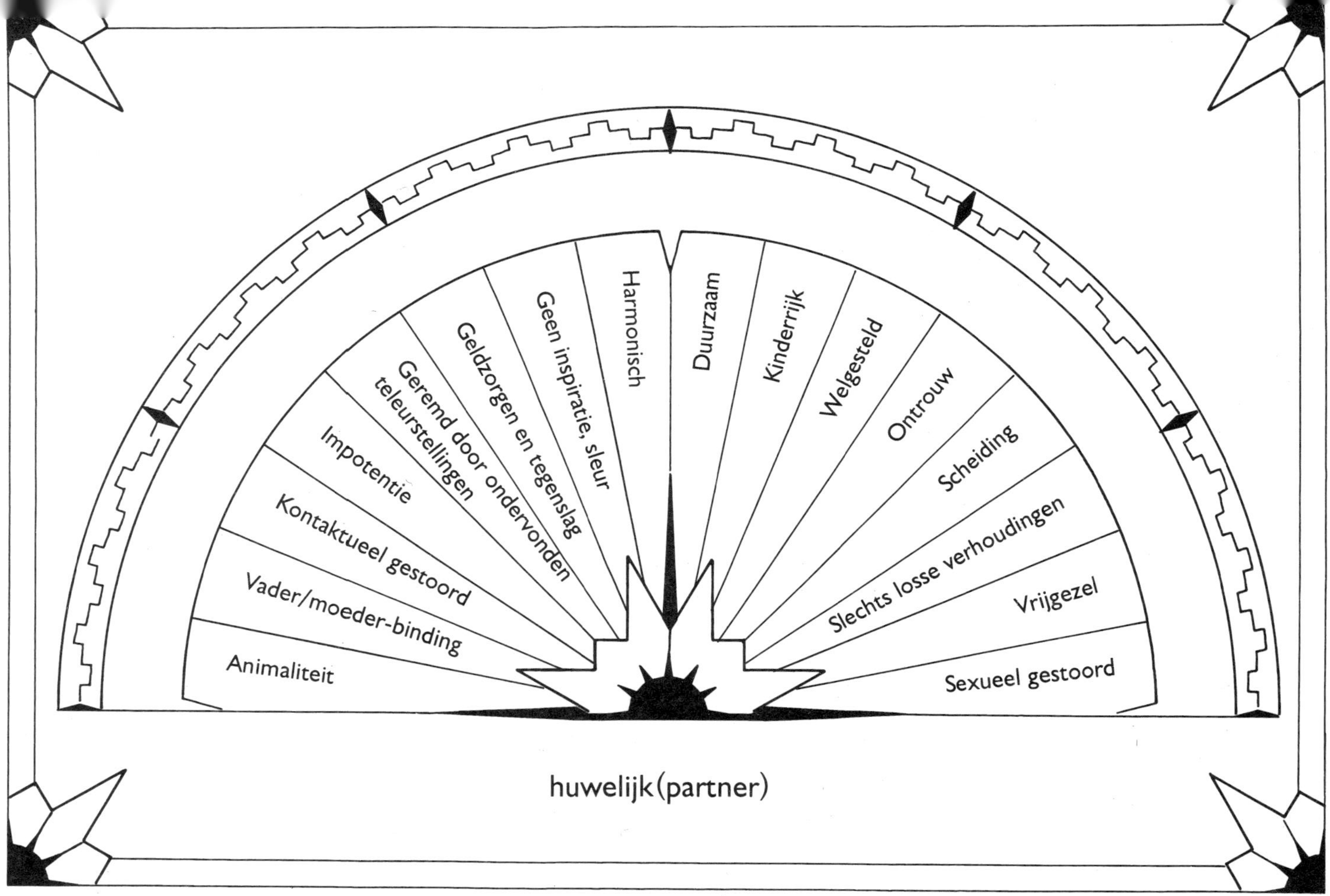
Animaliteit
Vader/moeder-binding
Kontaktueel gestoord
Impotentie
Geremd door ondervonden teleurstellingen
Geldzorgen en tegenslag
Geen inspiratie, sleur
Harmonisch
Duurzaam
Kinderrijk
Welgesteld
Ontrouw
Scheiding
Slechts losse verhoudingen
Vrijgezel
Sexueel gestoord
huwelijk(partner)

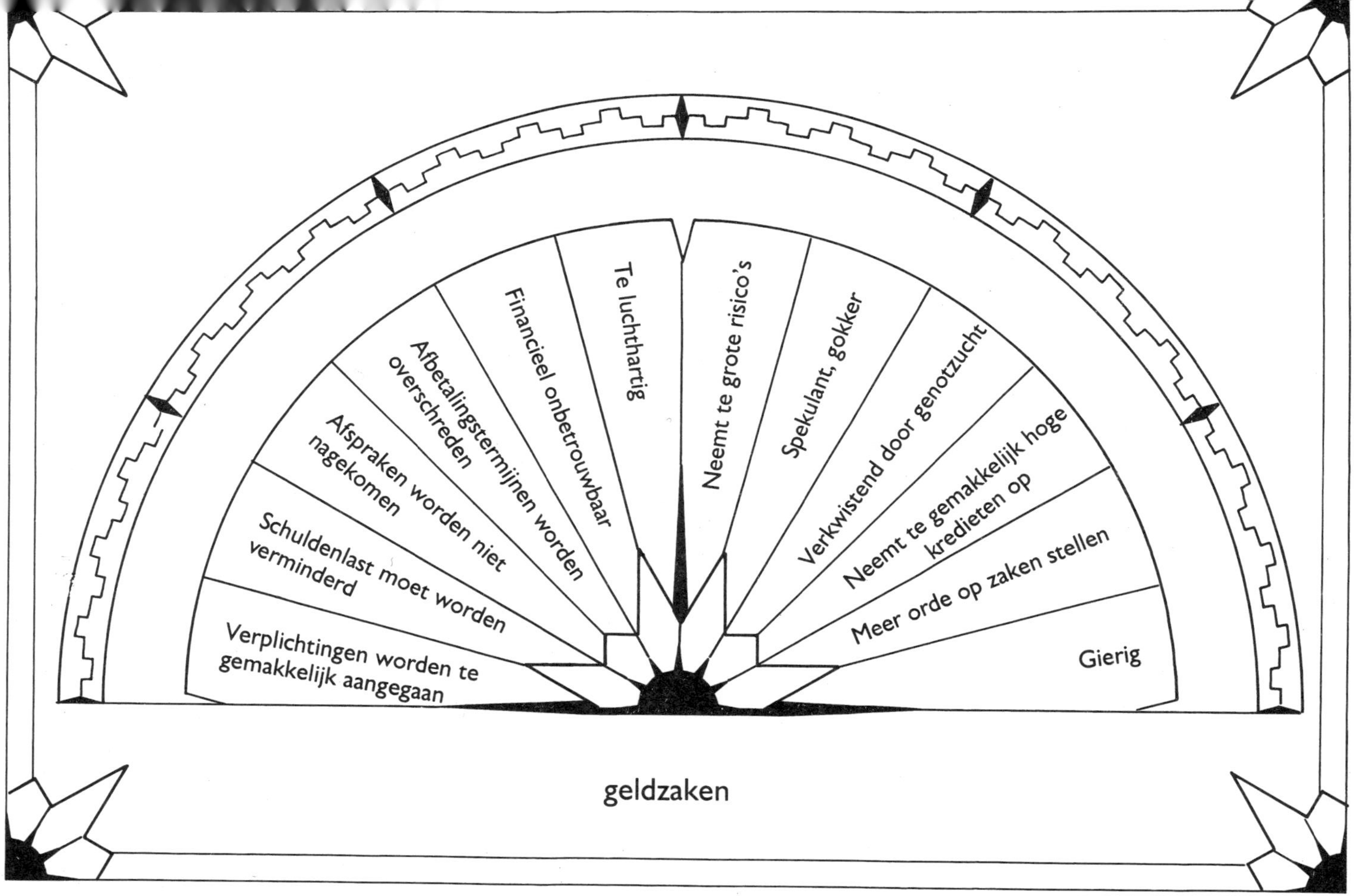
Verplichtingen worden te gemakkelijk aangegaan
Schuldenlast moet worden verminderd
Afspraken worden niet nagekomen
Afbetalingstermijnen worden overschreden
Financieel onbetrouwbaar
Te luchthartig
Neemt te grote risico's
Spekulant, gokker
Verkwistend door genotzucht
Neemt te gemakkelijk hoge kredieten op
Meer orde op zaken stellen
Gierig
geldzaken

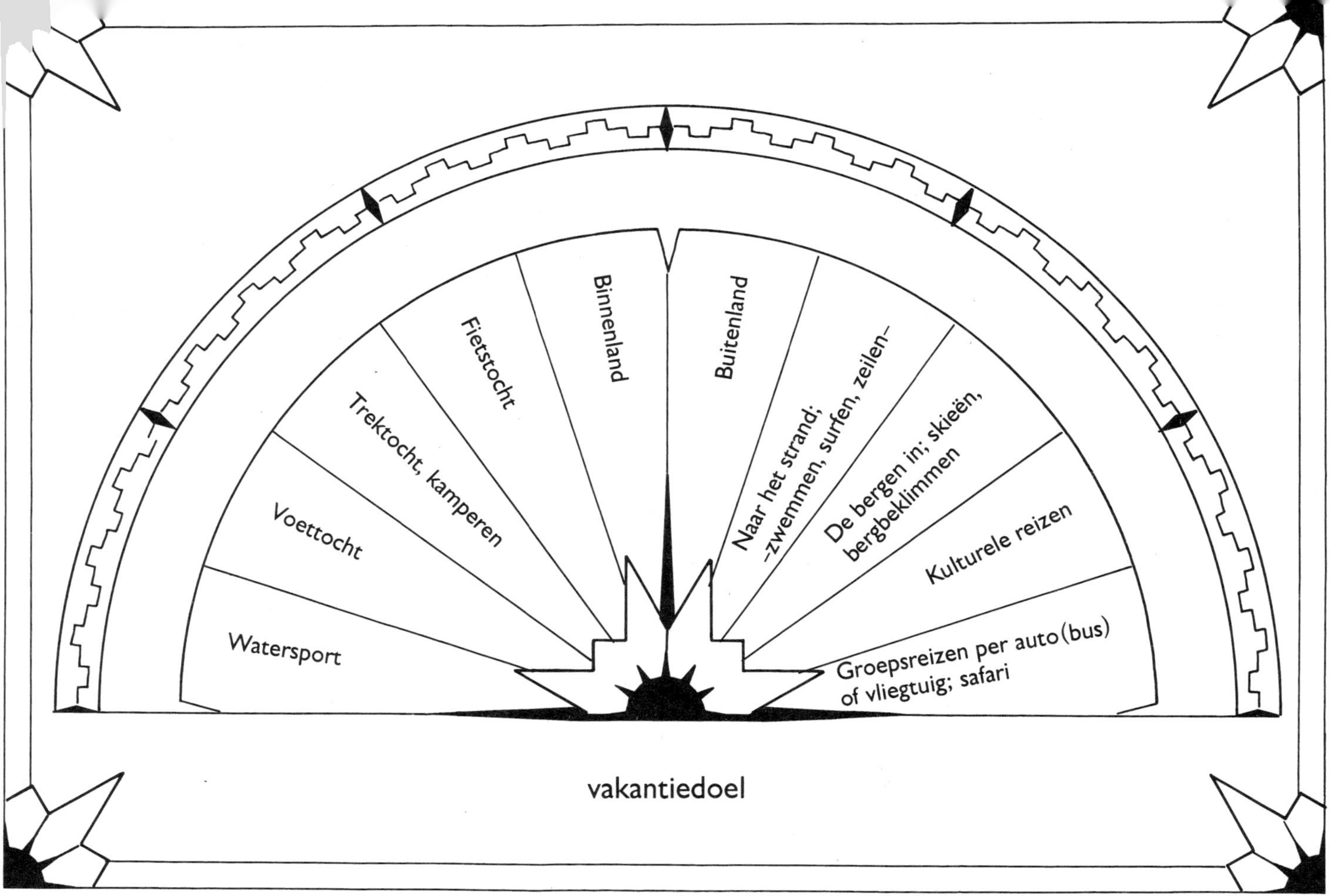

Watersport
Voettocht
Trektocht, kamperen
Fietstocht
Binnenland
Buitenland
Naar het strand;
-zwemmen, surfen, zeilen-
De bergen in; skieën,
bergbeklimmen
Kulturele reizen
Groepsreizen per auto(bus)
of vliegtuig; safari
vakantiedoel

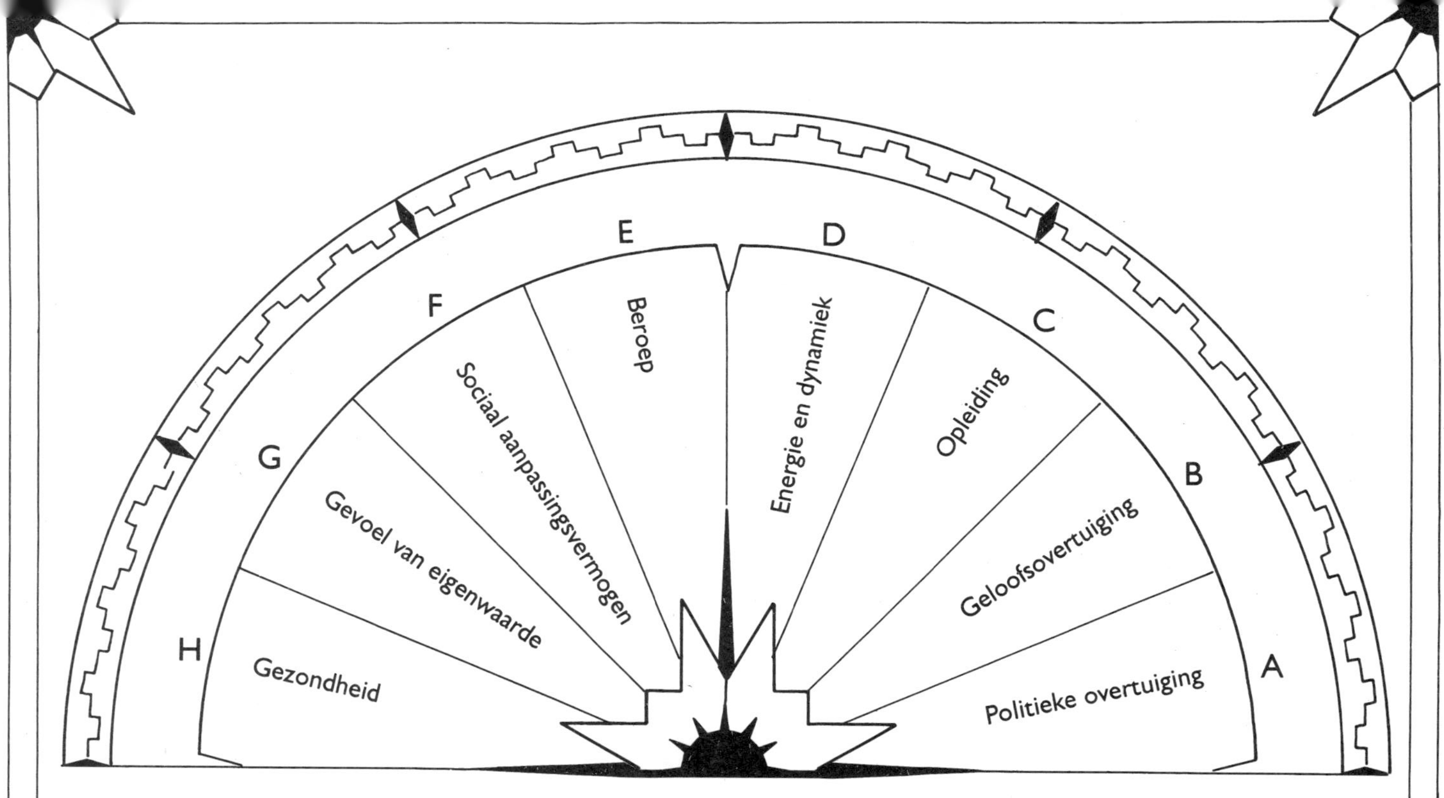

wat staat mijn levensgeluk in de weg?
(zie voor verdere specifikatie van deze gebieden, de kaarten a t/m h)

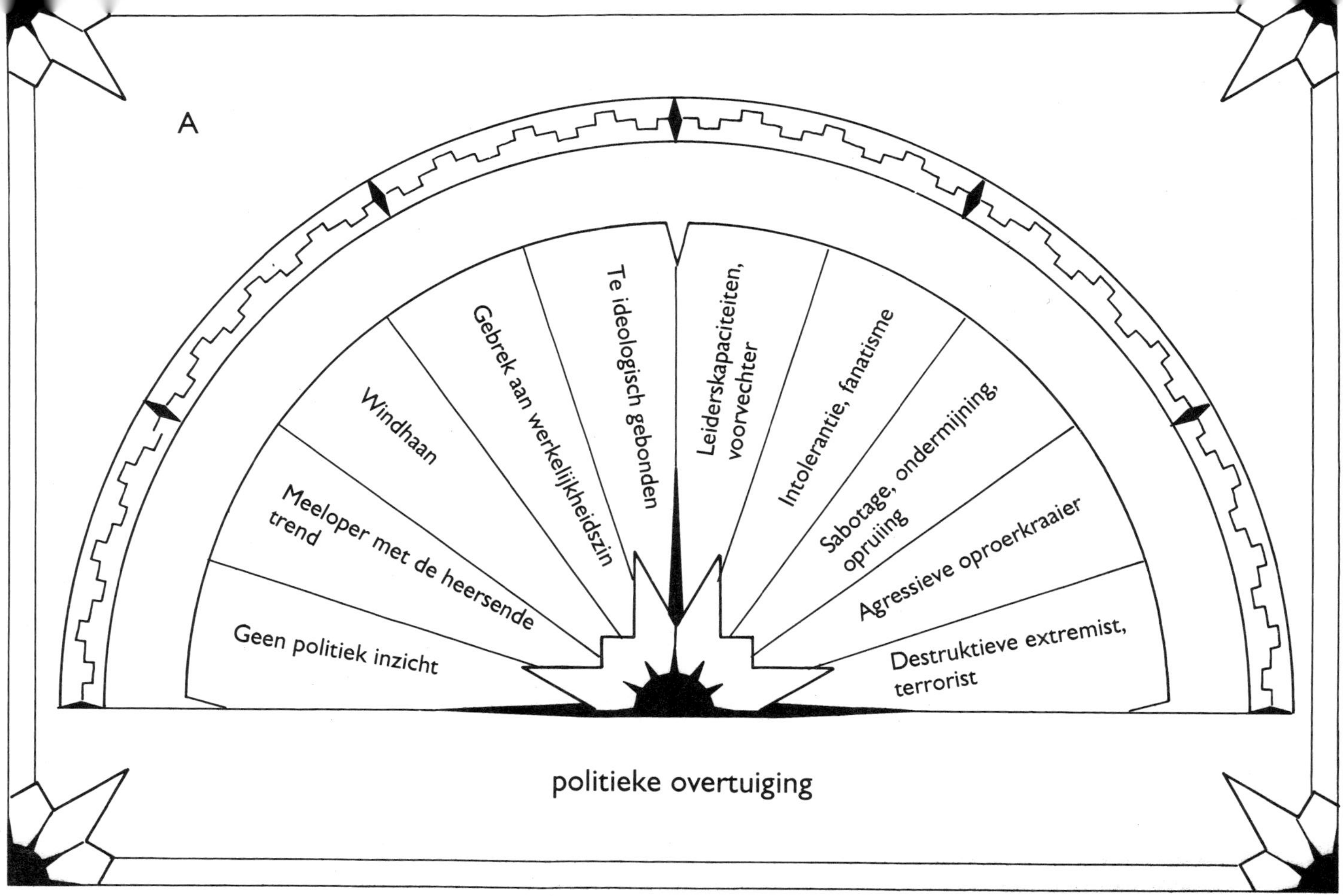
A
Geen politiek inzicht
Meeloper met de heersende trend
Windhaan
Gebrek aan werkelijkheidszin
Te ideologisch gebonden
Leiderskapaciteiten, voorvechter
Intolerantie, fanatisme
Sabotage, ondermijning, opruiing
Agressieve oproerkraaier
Destruktieve extremist, terrorist
politieke overtuiging

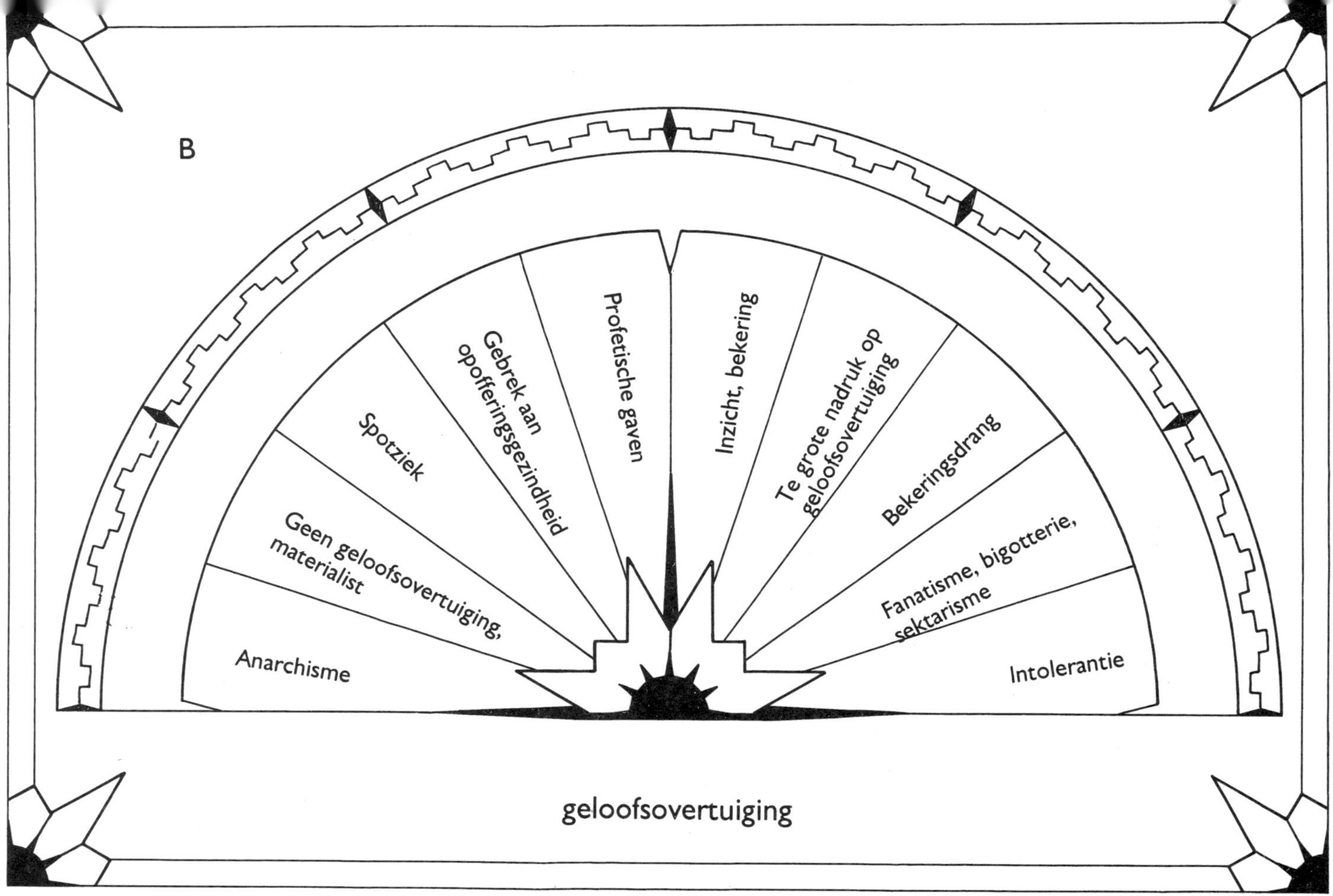
B
Anarchisme
Geen geloofsovertuiging, materialist
Spotziek
Gebrek aan opofferingsgezindheid
Profetische gaven
Inzicht, bekering
Te grote nadruk op geloofsovertuiging
Bekeringsdrang
Fanatisme, bigotterie, sektarisme
Intolerantie
geloofsovertuiging

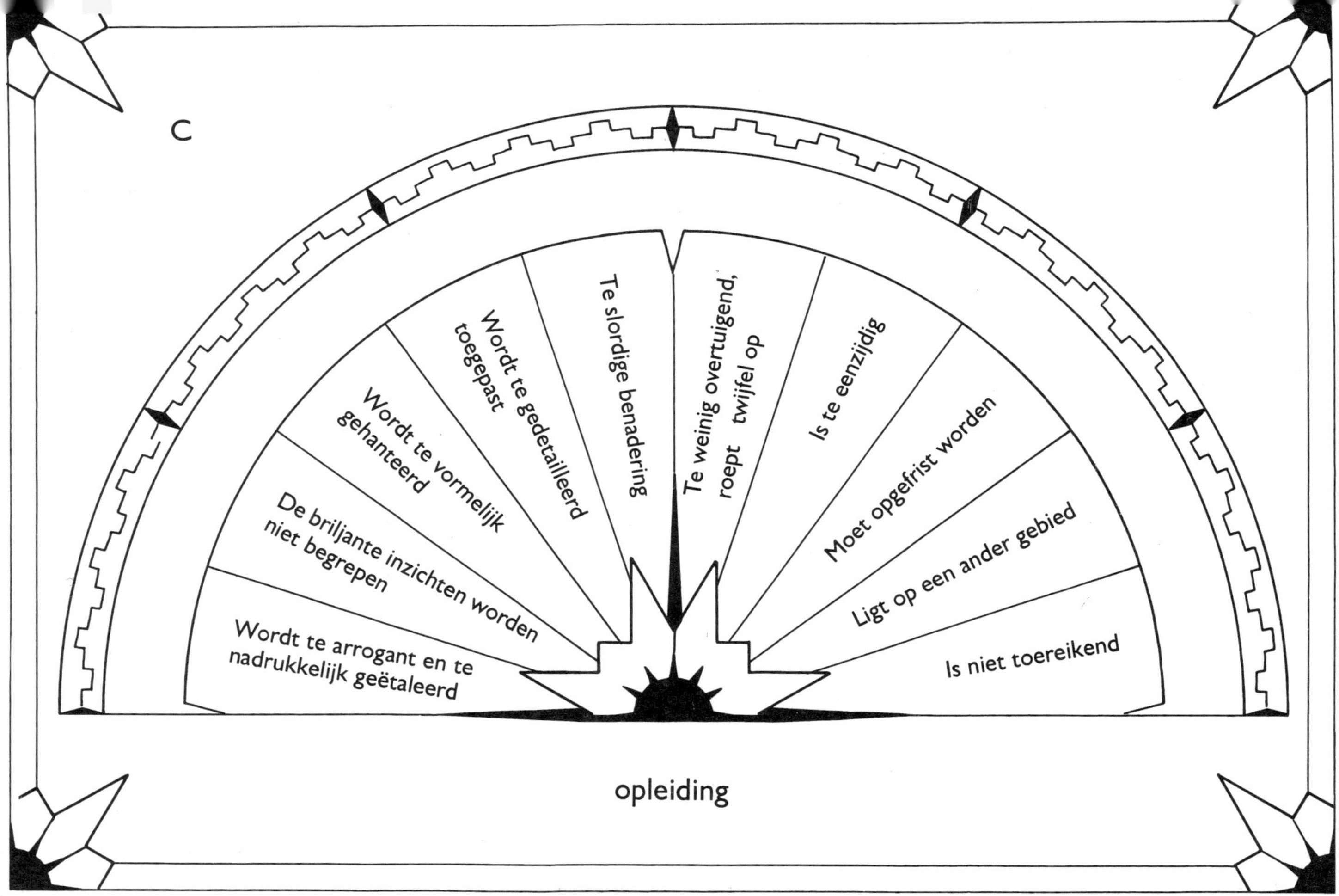

C
Wordt te arrogant en te nadrukkelijk geëtaleerd
De briljante inzichten worden niet begrepen
Wordt te vormelijk gehanteerd
Wordt te gedetailleerd toegepast
Te slordige benadering
Te weinig overtuigend, roept twijfel op
Is te eenzijdig
Moet opgefrist worden
Ligt op een ander gebied
Is niet toereikend
opleiding

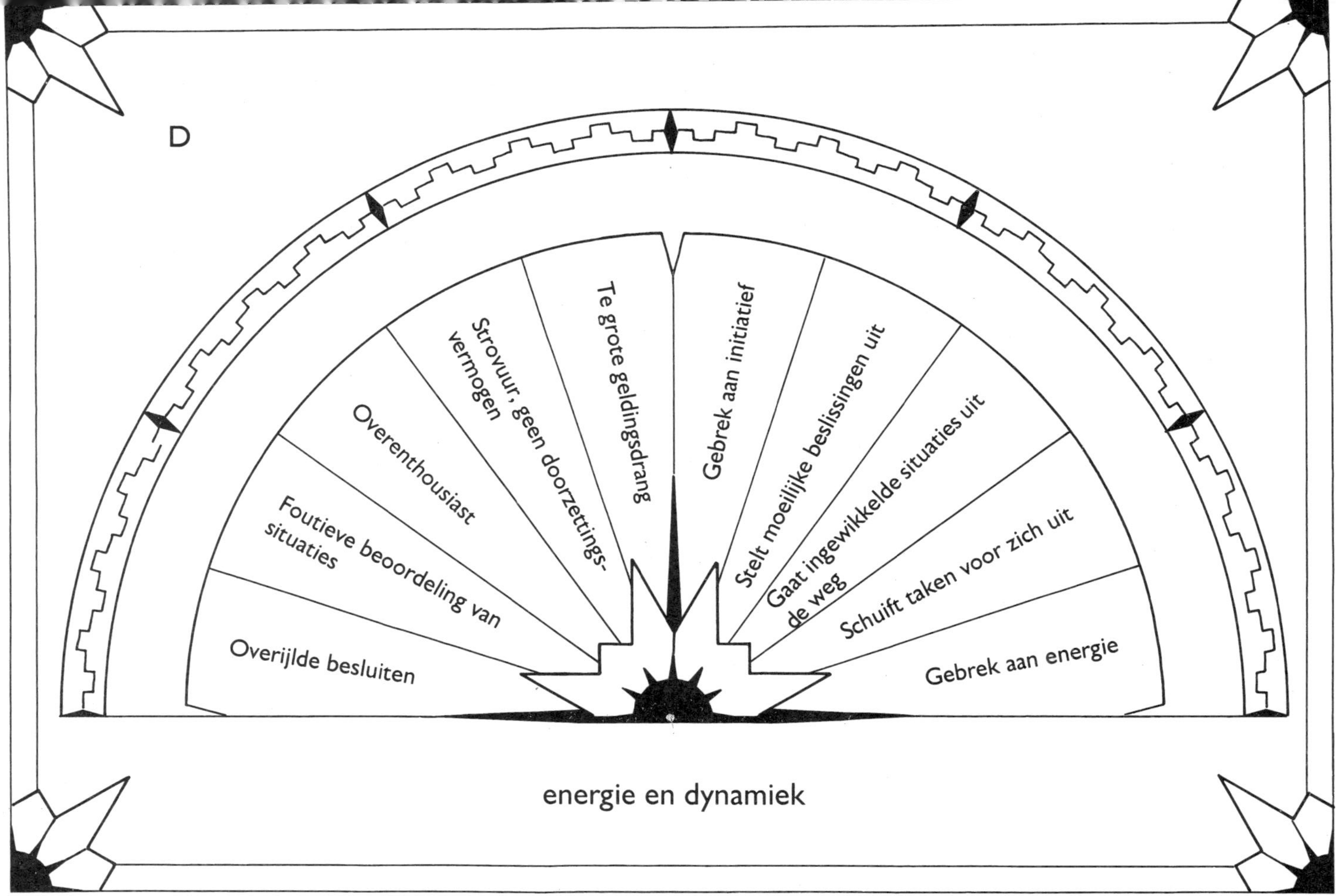
D
Overijlde besluiten
Foutieve beoordeling van situaties
Overenthousiast
Strovuur, geen doorzettings-vermogen
Te grote geldingsdrang
Gebrek aan initiatief
Stelt moeilijke beslissingen uit
Gaat ingewikkelde situaties uit de weg
Schuift taken voor zich uit
Gebrek aan energie
energie en dynamiek

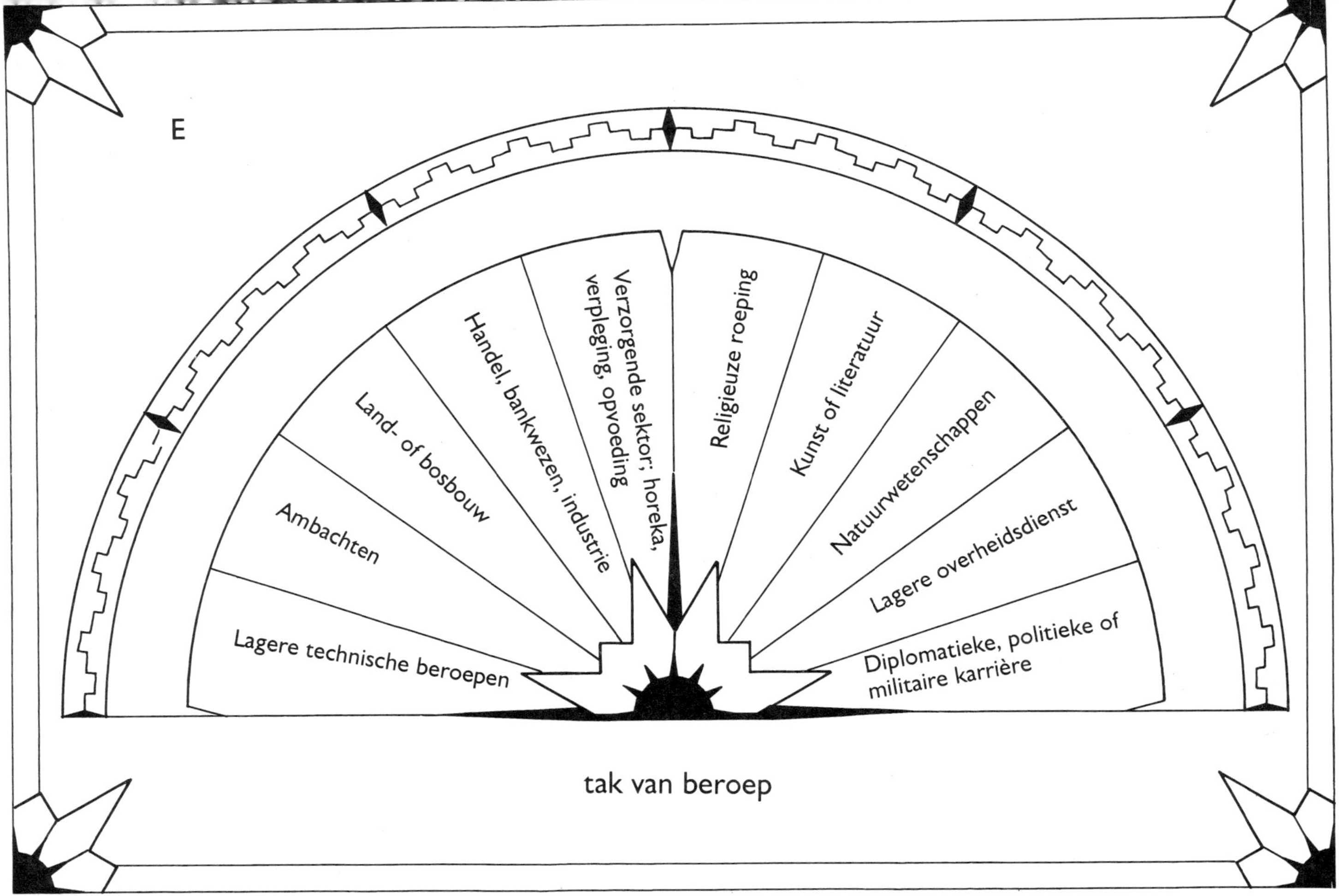
E
Lagere technische beroepen
Ambachten
Land- of bosbouw
Handel, bankwezen, industrie
Verzorgende sektor; horeka, verpleging, opvoeding
Religieuze roeping
Kunst of literatuur
Natuurwetenschappen
Lagere overheidsdienst
Diplomatieke, politieke of militaire karrière
tak van beroep

F

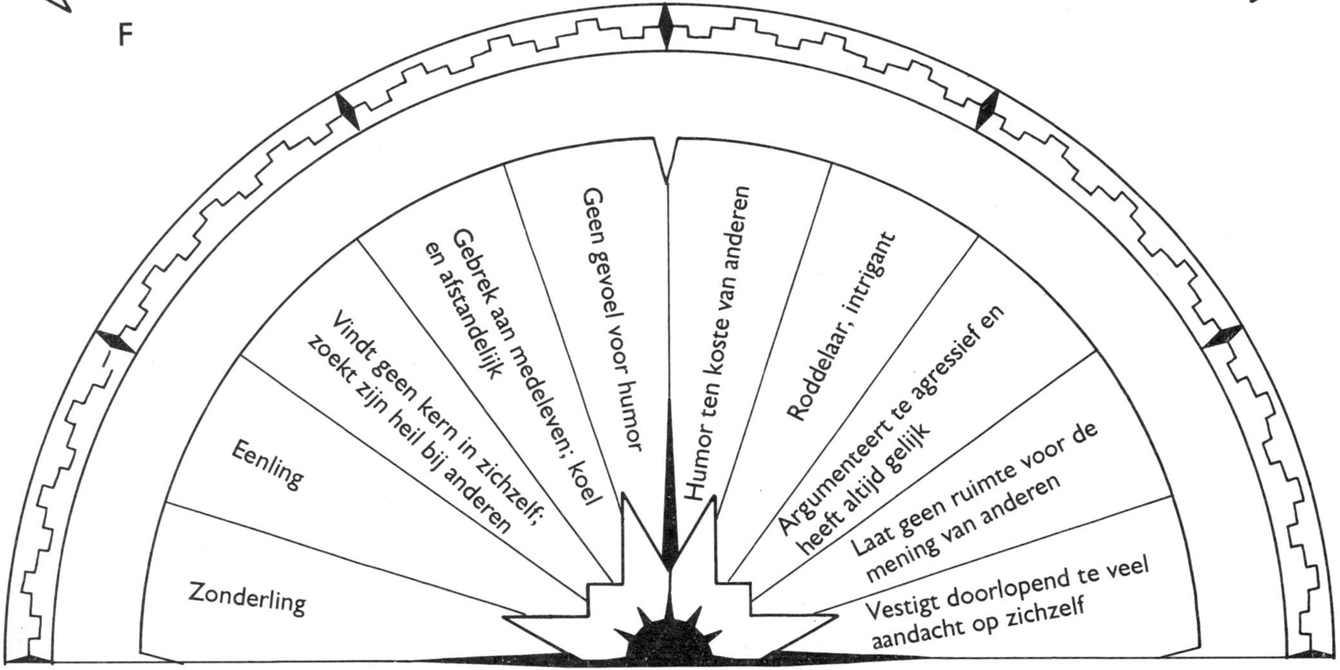

sociaal aanpassingsvermogen

G

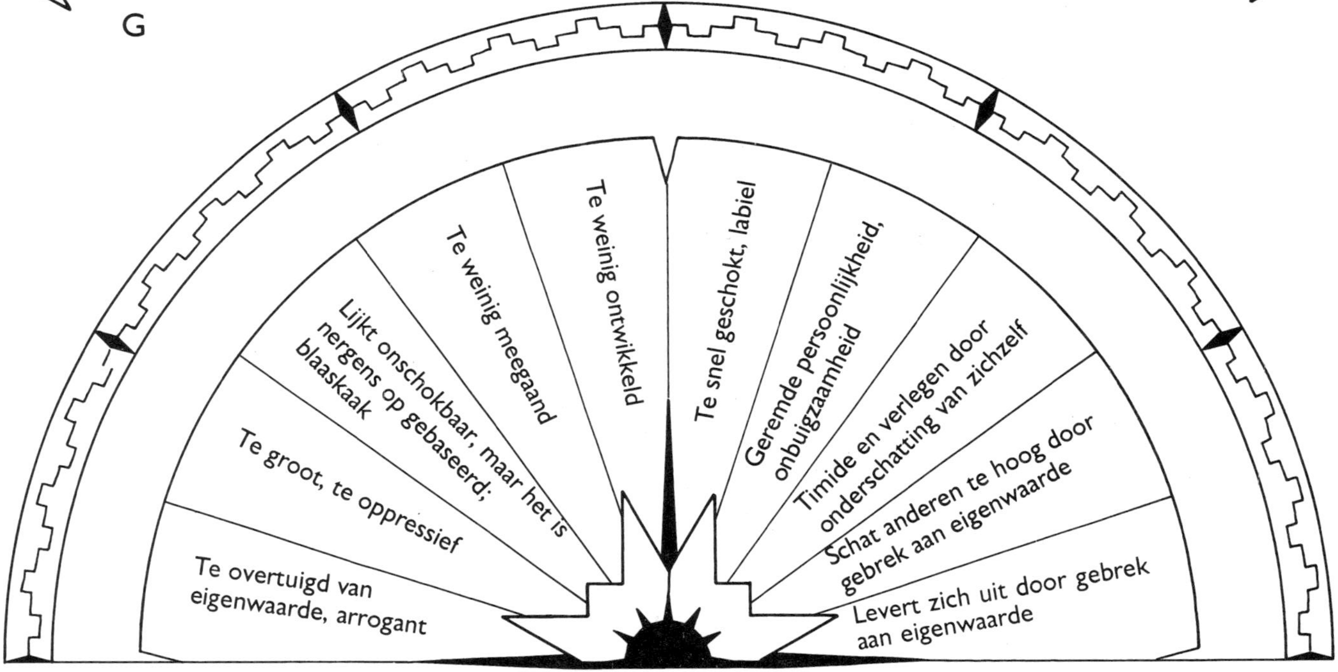

gevoel van eigenwaarde

DIVERSE PENDELKAARTEN BETREFFENDE DE GEZONDHEID

H

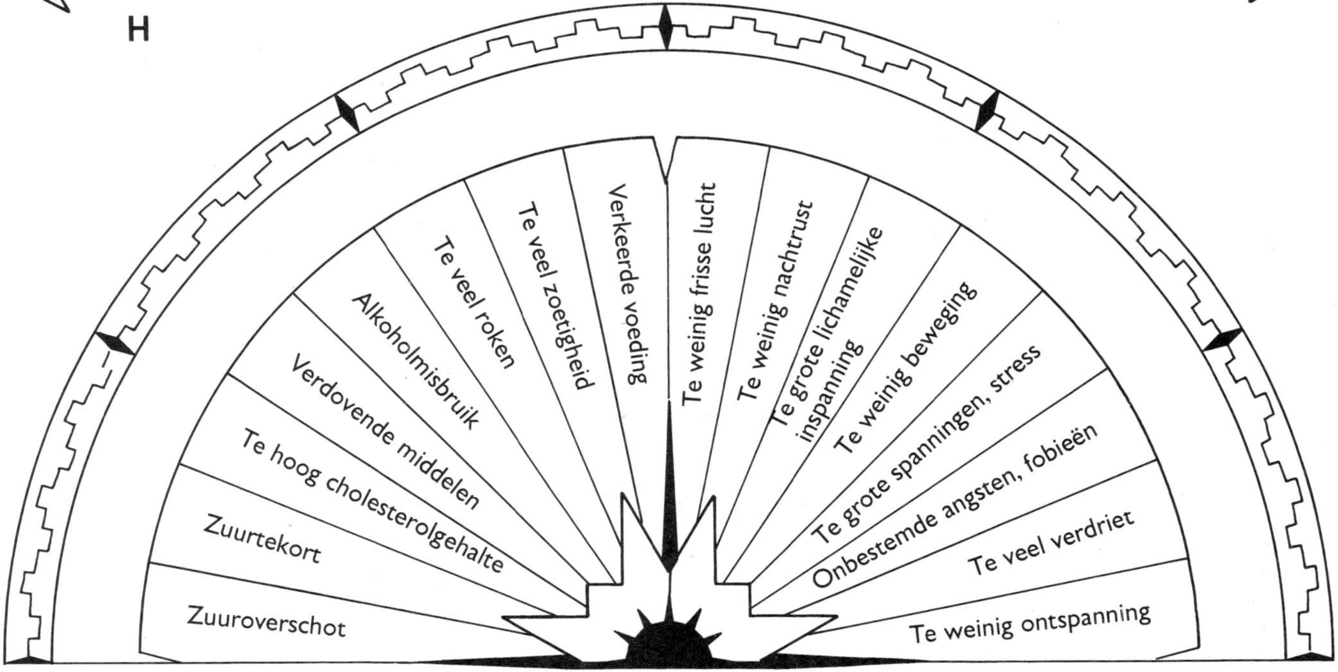

wat beïnvloedt mijn gezondheid nadelig?

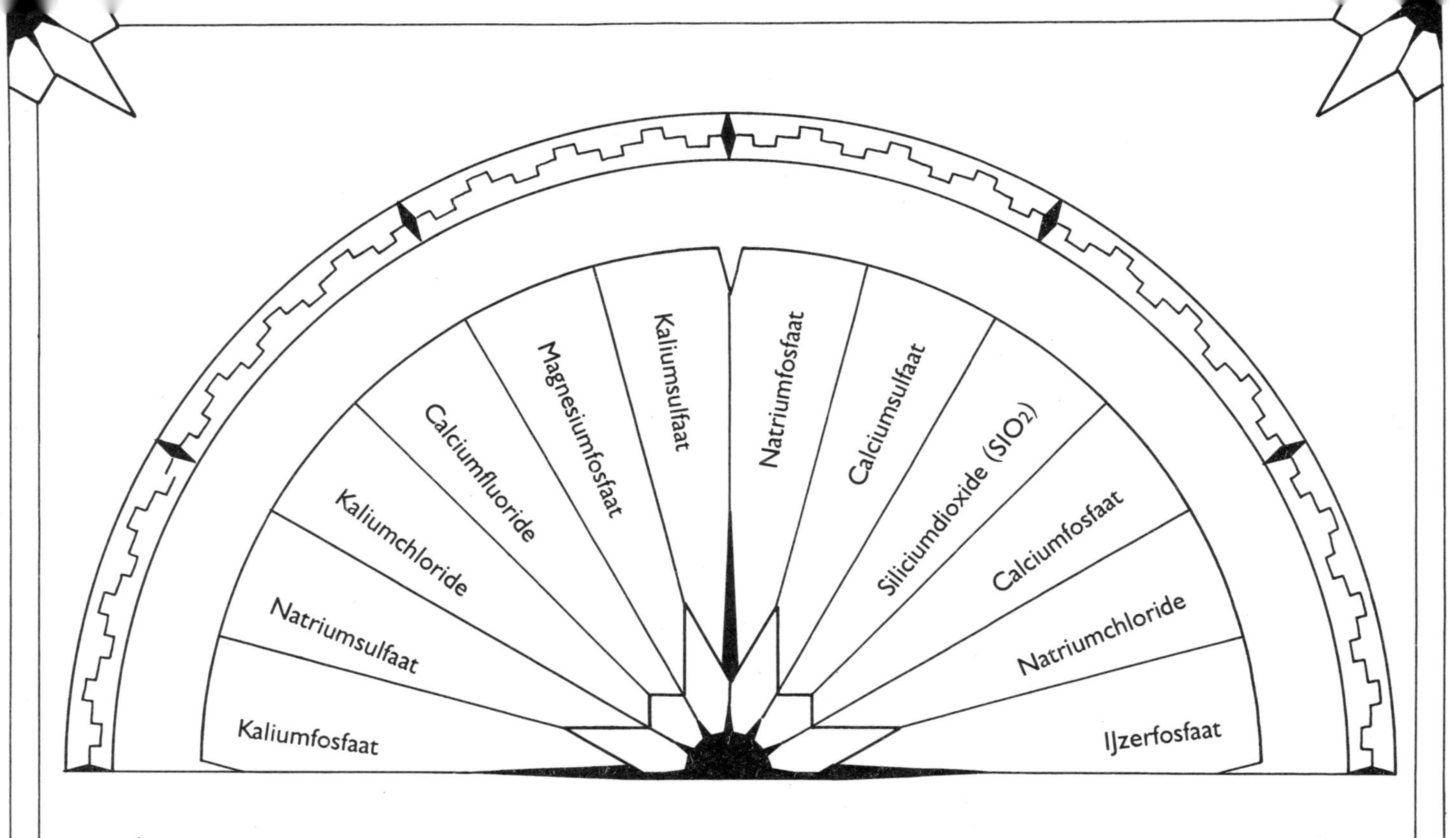

celzouten voor kleine klachten

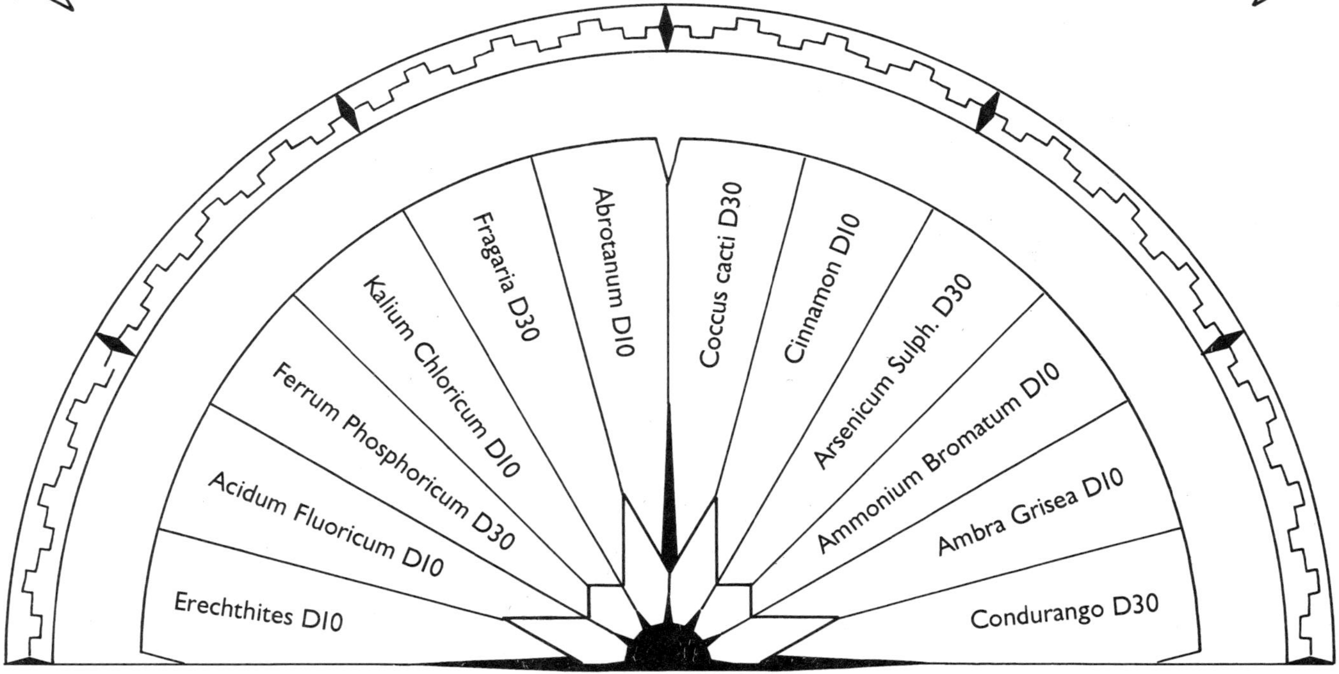

homeopathische middelen tegen zuuroverschot ziekten
welke is voor mij het meest werkzaam?

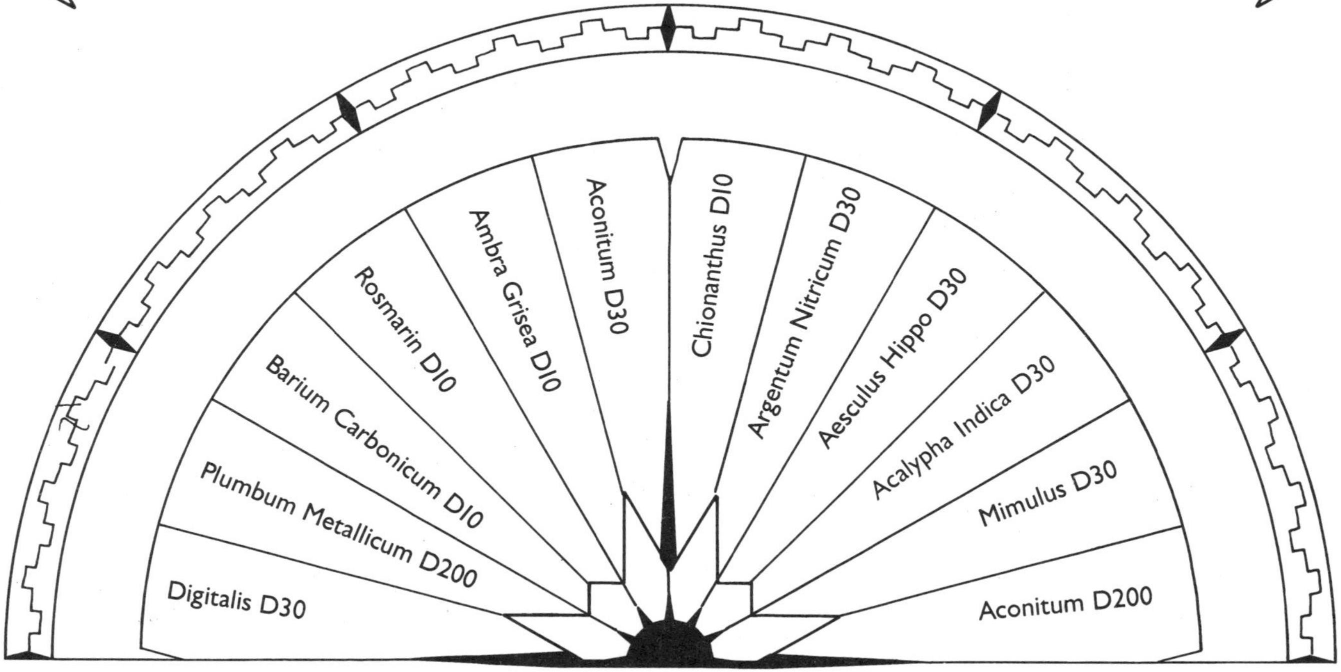

homeopathische middelen tegen ziekten ontstaan door een zuurtekort
welke hiervan is voor mij het meest werkzaam?

1. Grote hersenen, zenuwcentrum. Van hieruit worden alle lichaamsfunkties geregeld en alle voorvallen in en om het lichaam heen waargenomen.
2. Hersenvlies
3. Ogen
4. Oren
5. Neusbeen
6. Kaakgewricht
7. Amandelen
8. Strottehoofd
9. Schildklieren
10. Luchtpijp
11. Schoudergewricht
12. Bronchiën
13. Rechterlong
14. Lever rechts voor
15. Gal, achter de lever
16. Alvleesklier, achter de maag
17. Dikke darm, dwarsliggend
18. Onderste stuk van hoofdslagader
19. Onderste stuk van de grote ader (holle)
20. Dikke darm, opgaand
21. Dikke darm, neergaand
22. Dunne darm, kronkels
23. Blinde darm, rechts voor
24. Wormvormig aanhangsel aan blinde darm
25. Klieren
26. Nagels van de handen
27. Bloedsomloop, slagaderen vanuit het hart door het lichaam; aderen, bloedbaan vanuit lichaamsdelen naar het hart
28. Aderen
29. Nagels van de voeten
30. Haar
31. Pijnappelklier (hypophyse) in het midden van de grote hersenen
32. Kleine hersenen
33. Ruggemerg (hoofdzenuw)
34. Hoofdslagader
35. Longtop
36. Thymusklier (borstklier)
37. Linkerlong
38. Slokdarm
39. Hart, tussen beide longen in
40. Maag, achter de lever
41. Elleboogewricht
42. Milt
43. Nieren
44. Bekken
45. Urinebuizen
46. Heupgewricht
47. Urineblaas
48. Polsgewricht
49. Geslachtsorganen
50. Kniegewricht
51. Enkelgewricht

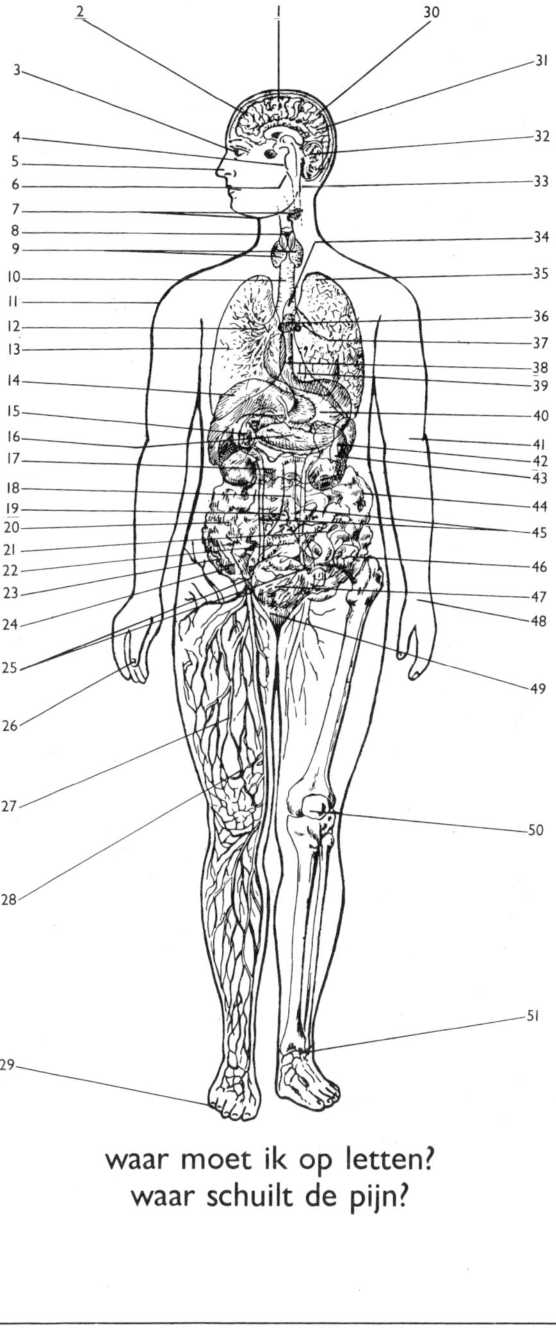

waar moet ik op letten?
waar schuilt de pijn?

1. *Grote hersenen, zenuwcentrum* Hier worden alle storingen waargenomen.
2. *Slapeloosheid* hopbloesem, salie, valeriaan, hertshooi, pepermuntthee, appelthee.
3. *Hoofdpijnen* pepermunt, valeriaan, melisse, maretak, sleutelbloem, rozemarijn, salie, aalbessenblad, engelwortel, wijnruit.
4. *Oogbad* kamille, salie, venkel, ogentroost, kalmoes, arnika, vlas, leeuwenbek, goudsbloemen.
5. *Amandelen, strot, schildklieren, luchtpijp, bronchiën* verkoudheden en keelpijn: salie, anijs, venkel, thijm, zoethout, lijnzaad, ijslandsmos, heemst, klein hoefblad (bloem en blad), toverhazelaar.
6. *Longen* hennepnetel (galeopsis), heermoes, iers mos (caragheen), klein hoefblad (bloem en blad), lijnzaad, oostindische kers.
7. *Lever en gal* kalmoes, maretak, gentiaan, duizendblad, brandnetel, pepermunt, duizendguldenkruid, duivekervel, leverbloem, paardebloem, agrimonie, stinkende gouwe, wilgebast, kruisdistel, zeepkruid, zuurbes, wasgagel, klit, toorts, marjolein.
8. *Darmen (verstopping)* lijnzaad, duizendblad, thijm, salie, sennepeulen, alexandriner thee, kalmoes, kamille, pepermuntthee, duizendguldenkruid, jeneverbes, vuil boombast, venkel, rabarber, zoethout, anijs.
9. *Klieren (hormonen)* ijslands mos (caragheen), paardebloem, iers mos, maretak, alexandriner thee, duizendblad, heermoes, klein hoefblad, ginseng, bitter klaver, brem.
10. *Bloedbaan (aderverkalking)* knoflook, meidoorn, maretak, zonnedauw, duizendblad, salie, brem, berkenblad, heermoes.
11. *Aderkramp zie bloedreinigingskuur en -baden* (voet- en zitbaden) stoombaden, wikkels, omslagen, afwassingen met: kamille, kalmoes, mosterdmeel, thijm, hooibloemen, pepermunt, eikenbast, heermoes, lavendel, lijnzaad, hoornklaverblad, wilde thijm.
12. *Zenuwpijnen* lavendel, rozemarijn, sleutelbloem, valeriaan, pepermunt, melisse, hopbloem, kamille, hersthooi, salie, lavas, engelwortel, gentiaanwortel.
13. *Haaruitval* klitwortel, brandnetelblad, kamille, arnikabloem, blauwbes, okkernoot.
14. *Hart* valeriaan, rozemarijn, pepermunt, salie, lavendel, melisse, ereprijs, sleutelbloemen, bramenblad, lieve vrouwe bedstroo, brem.
15. *Maag* pepermunt, kruizemunt, valeriaan, duizendguldenkruid, duizendblad, melisse, anijs, lijnzaad, venkel, gentiaan, komijn, alsem, gezegende distel.
16. *Milt* (zie bloedreinigingskuur) aardrook, agrimonie, asperge, berberis, peterselie, waterkers, wilg.
17. *Blaas- en urinewegen* berendruifblad, rozebottel, heermoes, jeneverbes, lavas, berkeblad, bonenschil, mierikwortel, stalkruid, cacaobonendoppenthee, kamille, lijnzaad, guldenroede, artisjokken, paardestaart, paardebloem, duizendblad, zenegroen, kattedoorn, ruit, valkruid, zilverschoon, herderstasje.
18. *Bloedzuiveringskuur* (bloedreinigingsthee) driekleurig viooltje, jeneverbes, walnootblad, duizendblad, maretak, alexandrinerthee, ijslands mos, vuilboombast, lijnzaad, sennepeulen en -blad, berkenblad, bonendoppen, sleedoornbloesem, paraguaythee, stalkruid, kweek, salie, rozebottel, duivelkervel, leeuwenklauw, paardebloem, ereprijs, weegbree, tormentil, alsem.
19. *Rheumatiek* berkenblad, sennepeulen, maretak, duizendblad, rozebottel, bonendoppen, jeneverbes, pimpernel, stalkruid, aardbeien, zevenblad, kattedoornwortel, moeras-spiraea, wilgebast, driekleurig viooltje, paardebloemwortel, sleutelbloem, slangekruid, stinkende gouwe, st. janskruid.

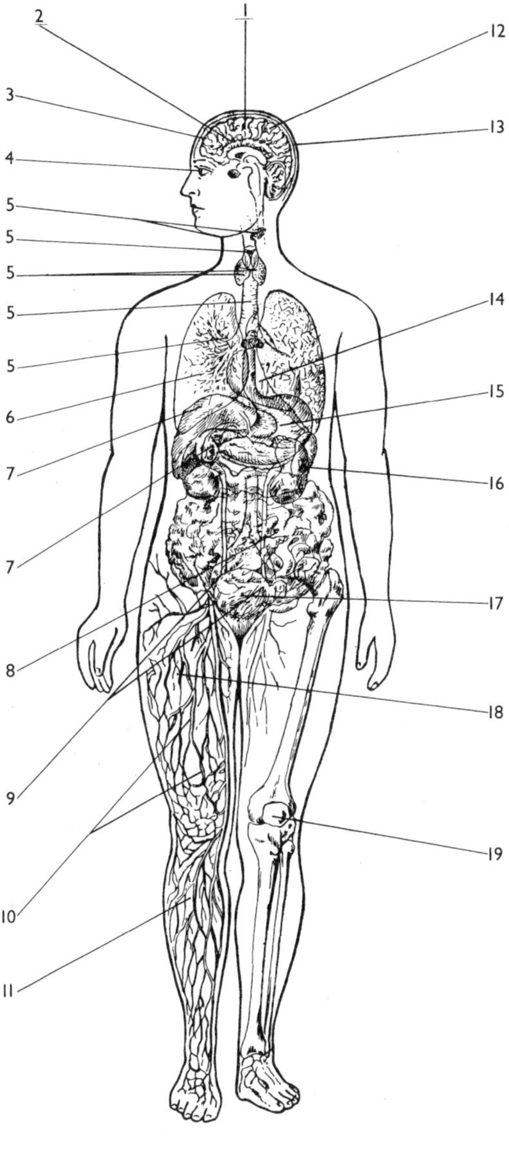

welke kruidenthee heeft een gunstige invloed?

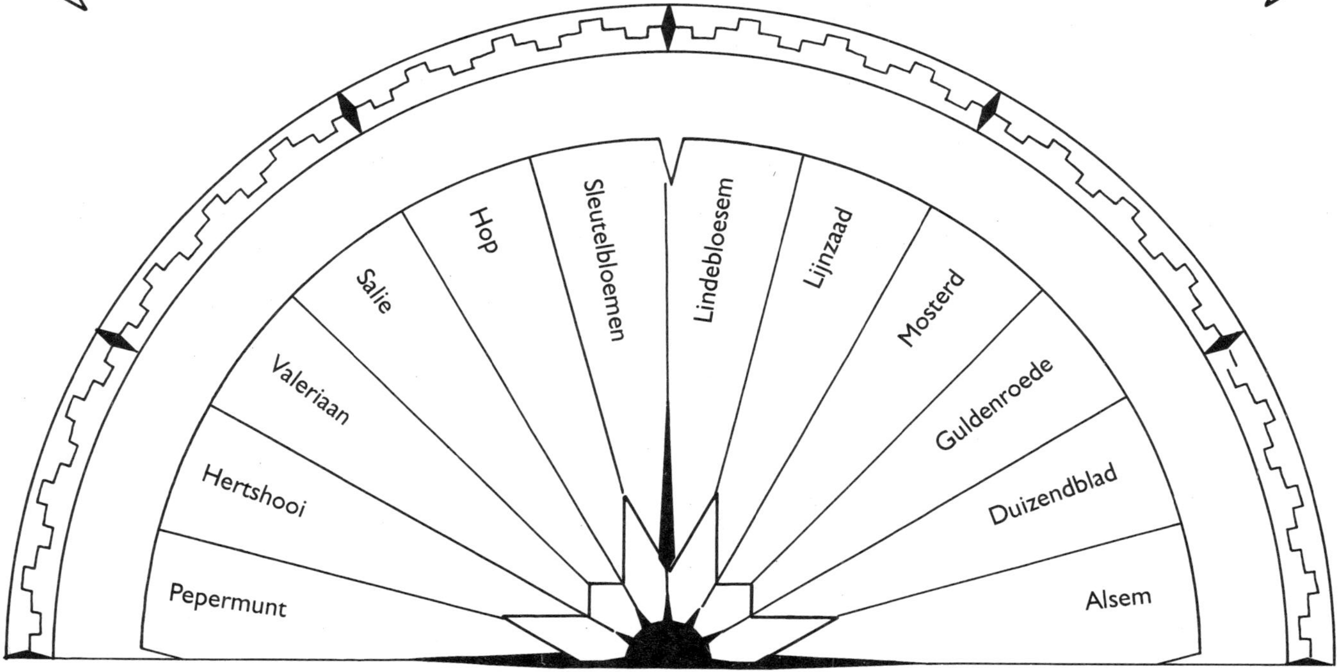

kruiden tegen slapeloosheid
welke is voor mij het meest werkzaam?

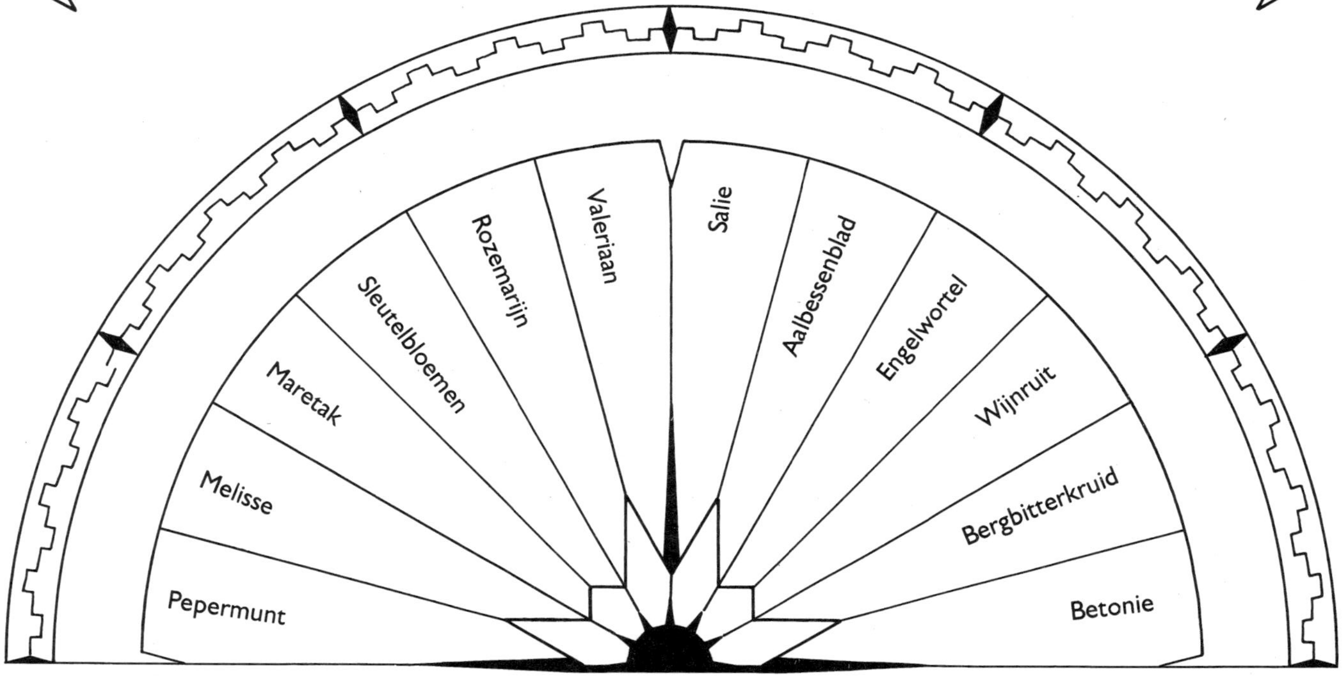

kruiden tegen hoofdpijn
welke is voor mij het meest werkzaam?

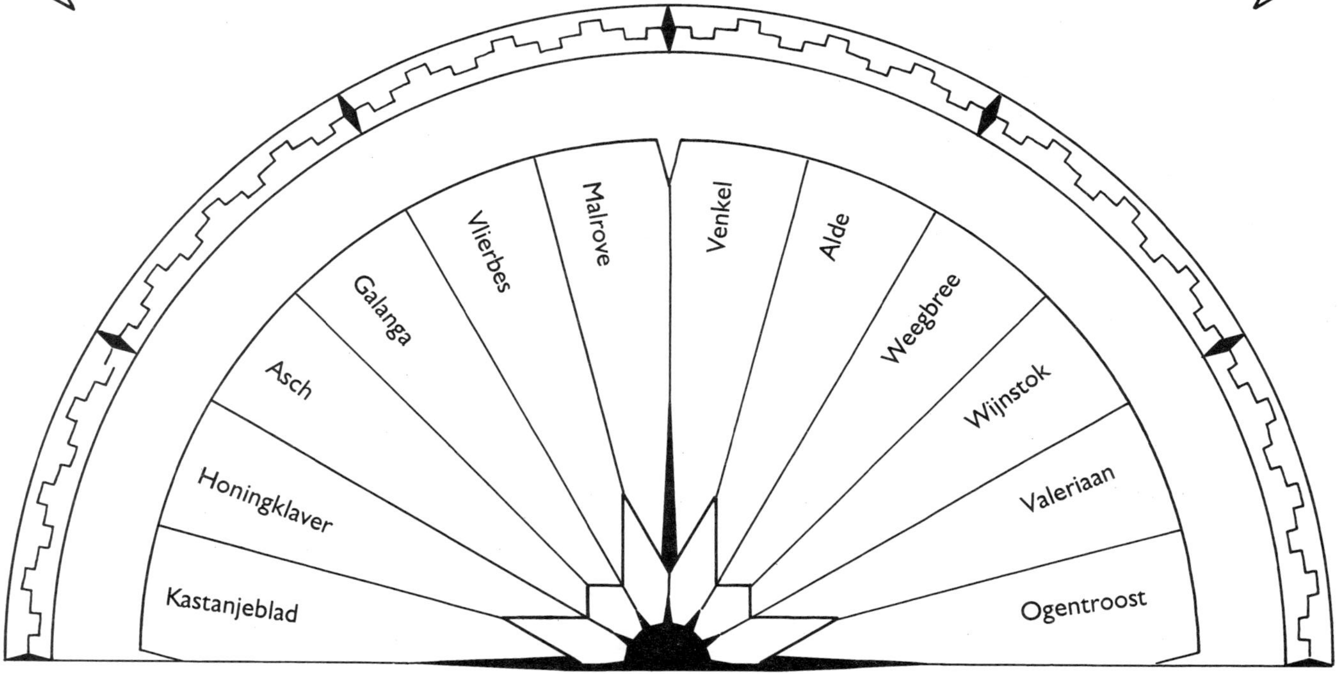

oogbadkruiden
welke is voor mij het meest werkzaam?

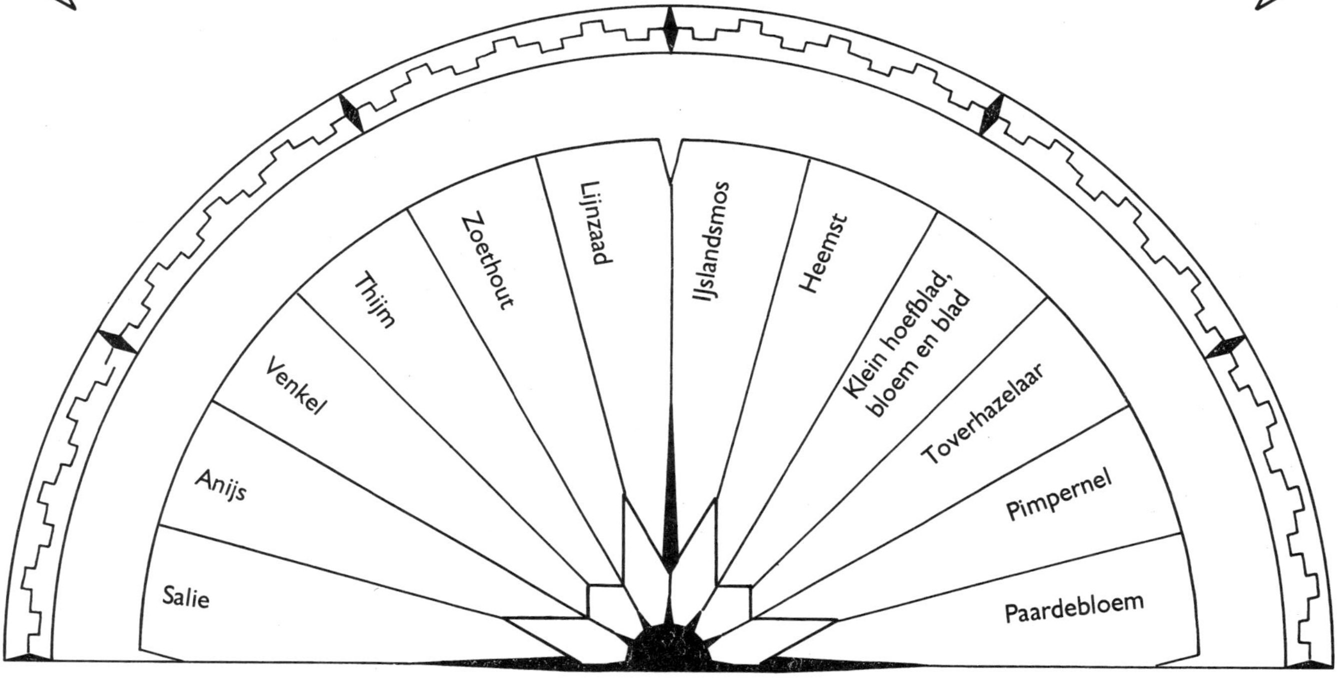

kruiden tegen keelpijn en verhoudheden
(ook amandelen, bronchieëen en luchtpijpaandoeningen)
welke is voor mij het meest werkzaam?

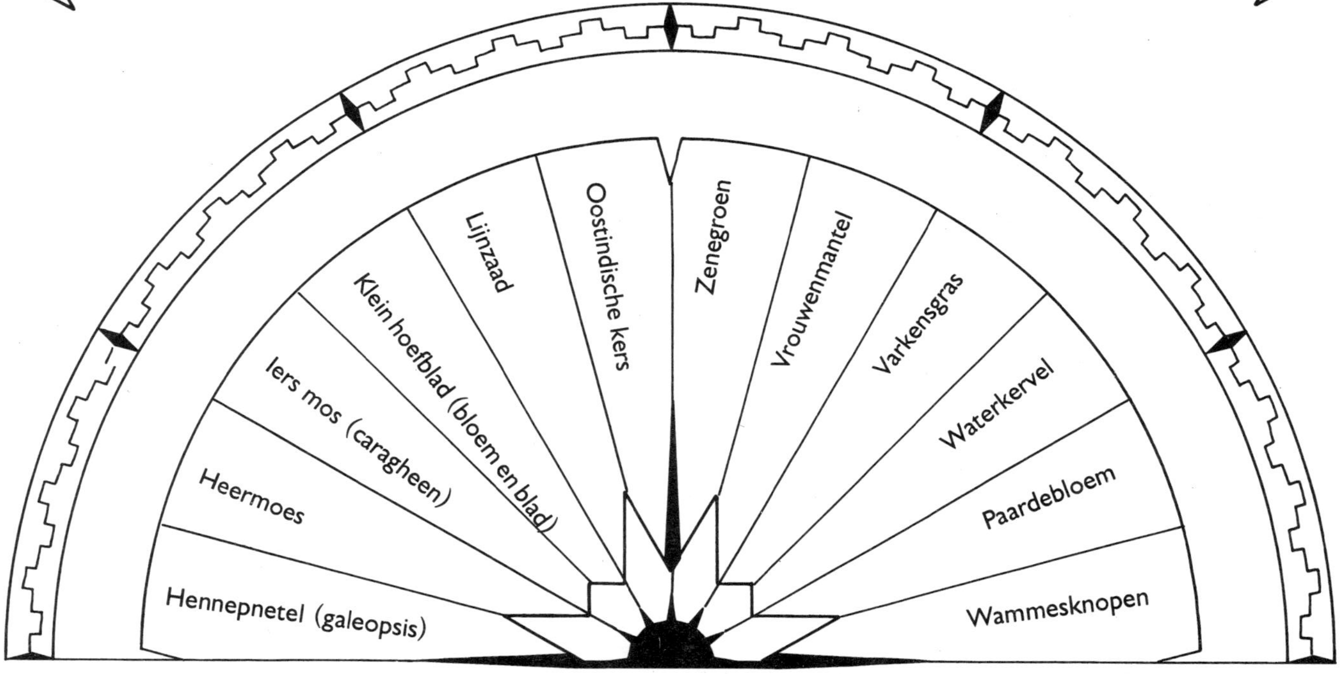

kruiden tegen longaandoeningen
welke is voor mij het meest werkzaam?

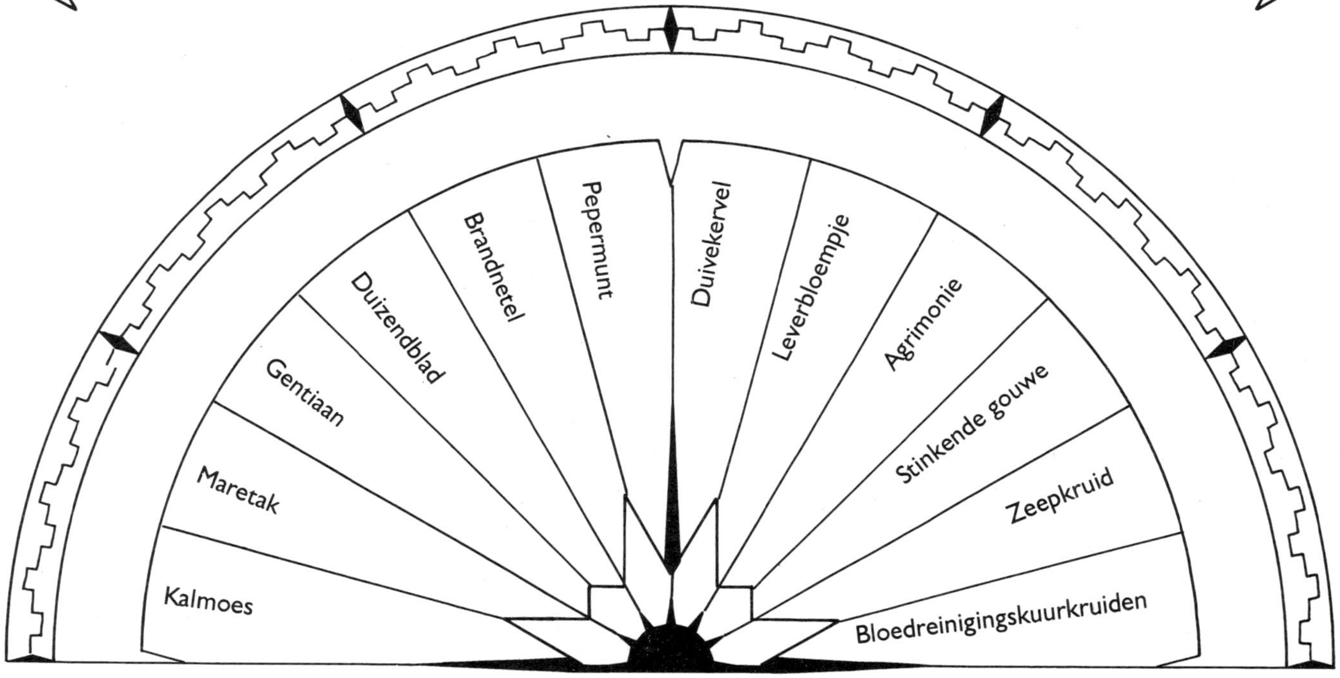

lever- en galkruiden
welke is voor mij het meest werkzaam?

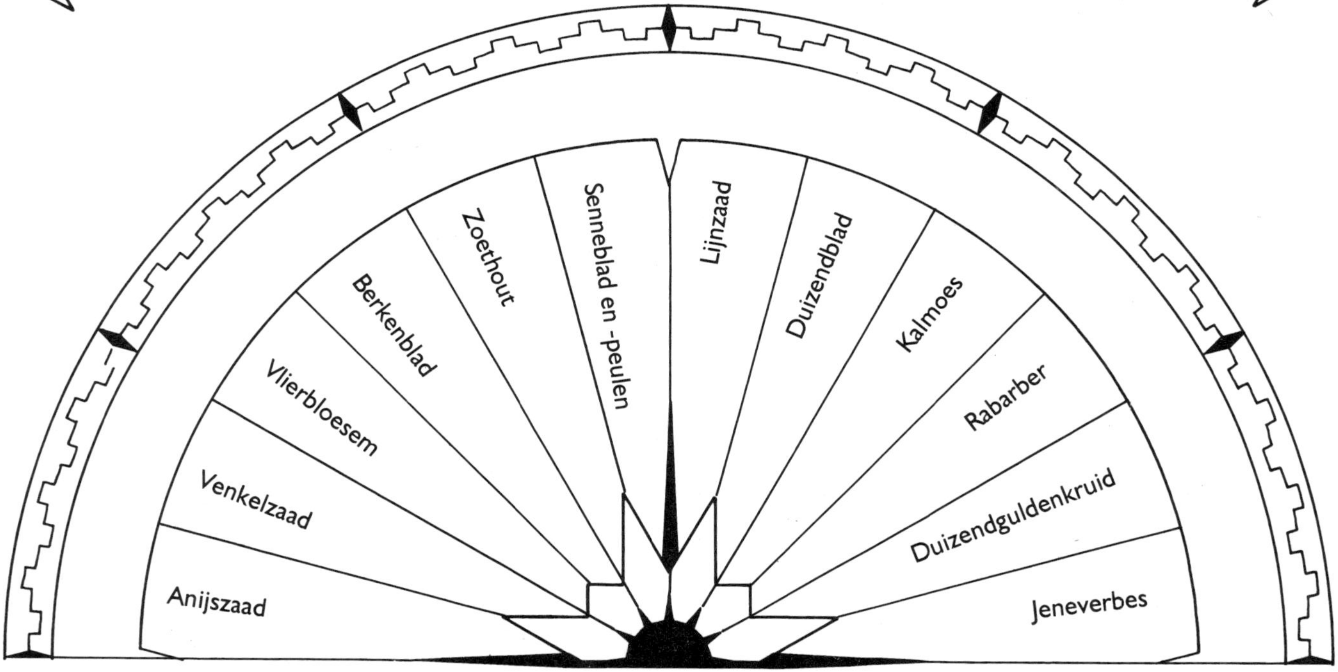

darmkruiden (verstopping)
welke is voor mij het meest werkzaam?

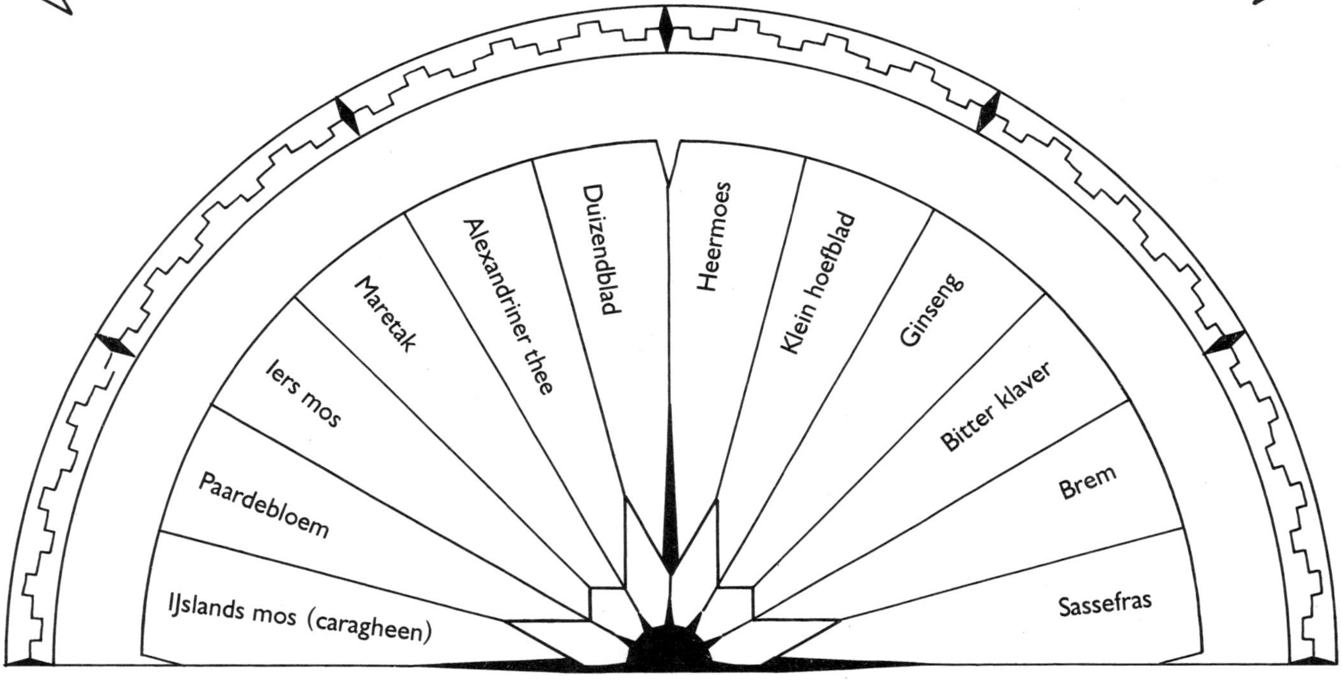

kruiden tegen klieraandoeningen
welke is voor mij het meest werkzaam?

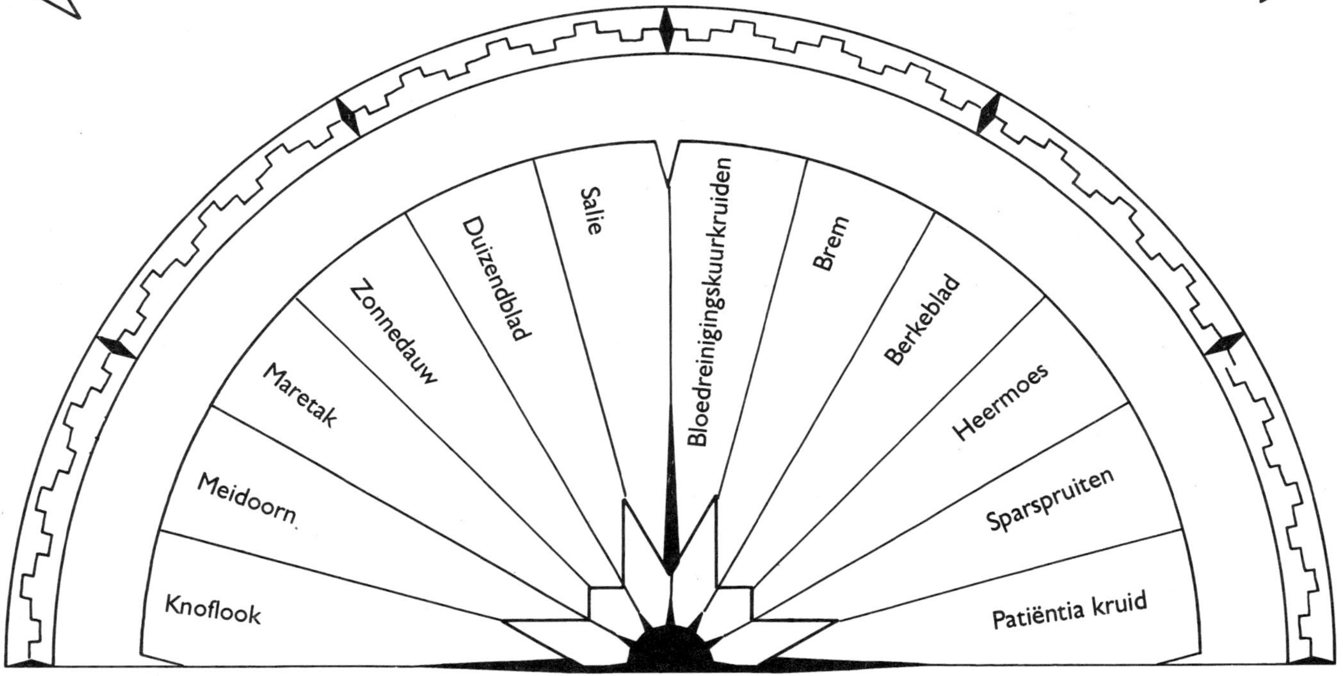

bloedsomloopkruiden (aderverkalking)
welke is voor mij het meest werkzaam?

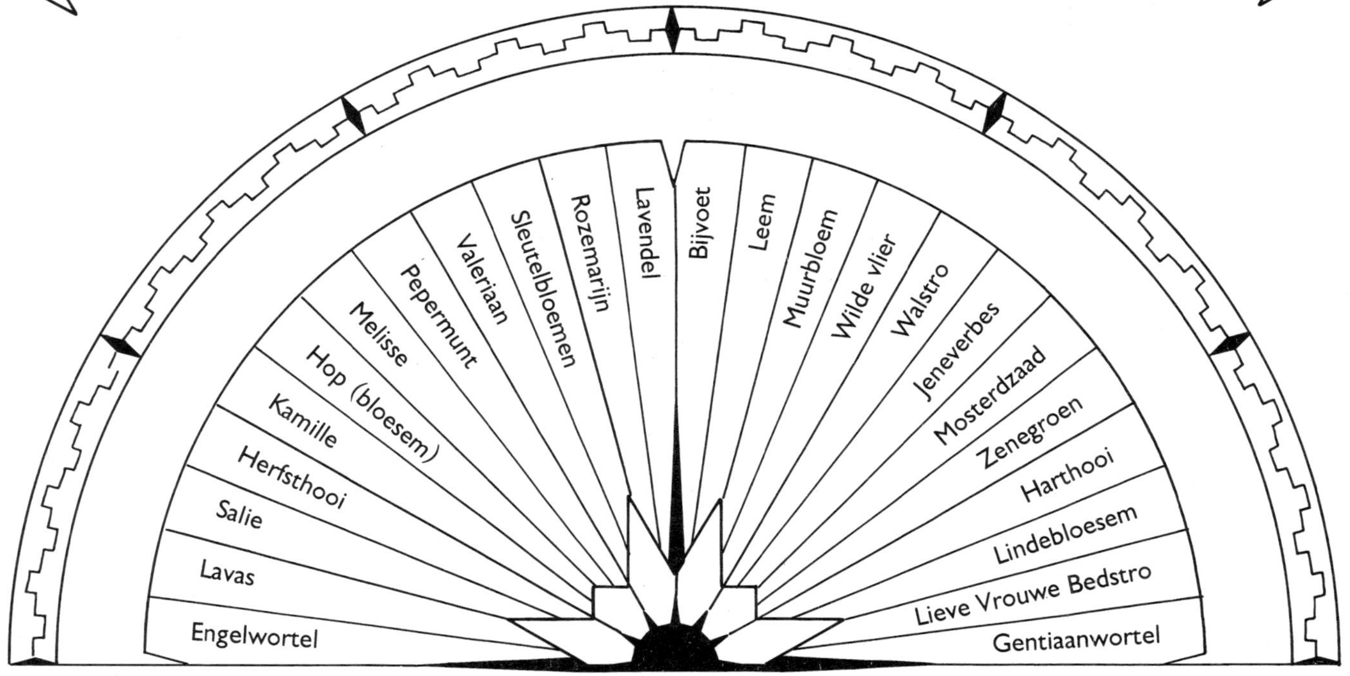

zenuwpijnkruiden
welke is voor mij het meest werkzaam?

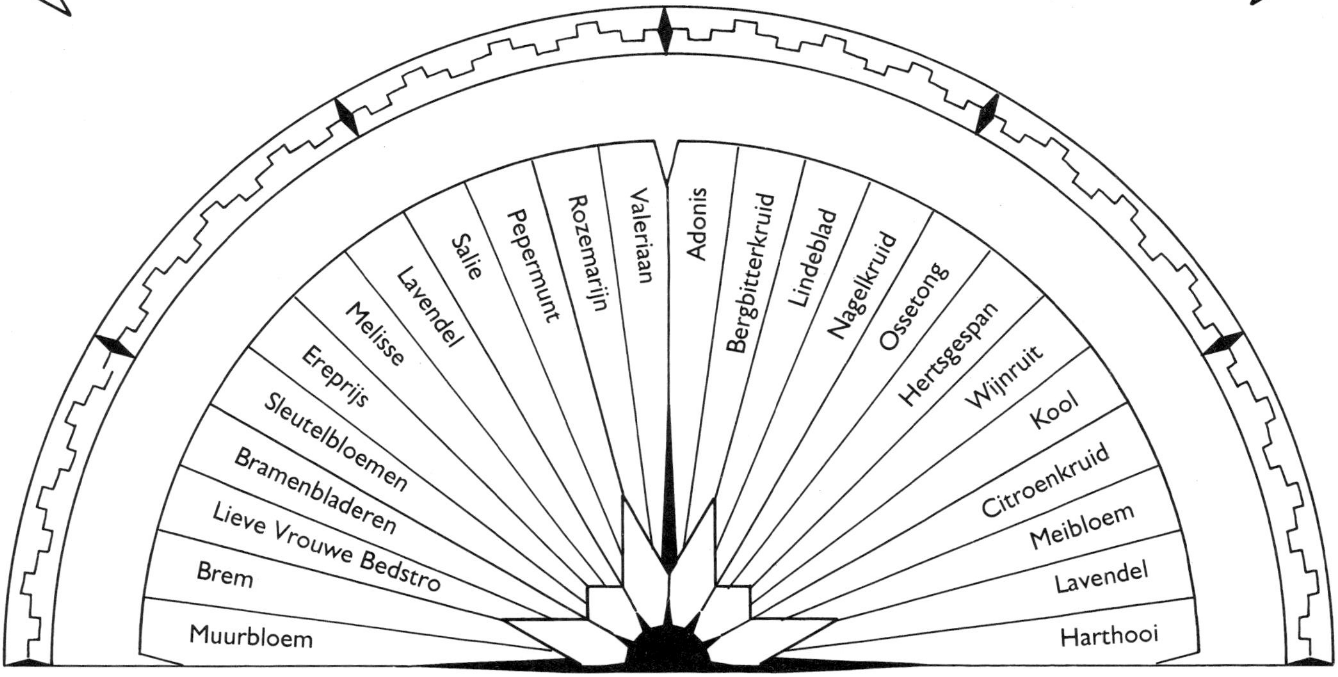

hartaandoeningskruiden
welke is voor mij het meest werkzaam?

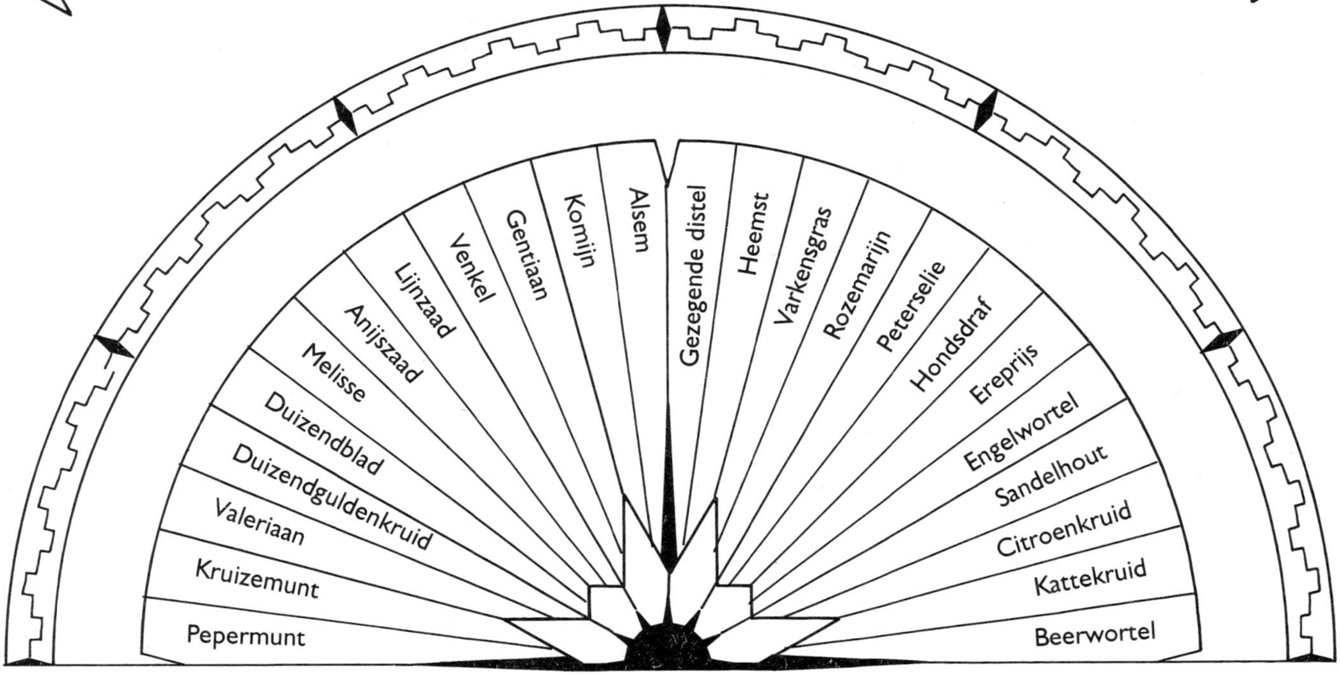

maagkruiden
welke is voor mij het meest werkzaam?

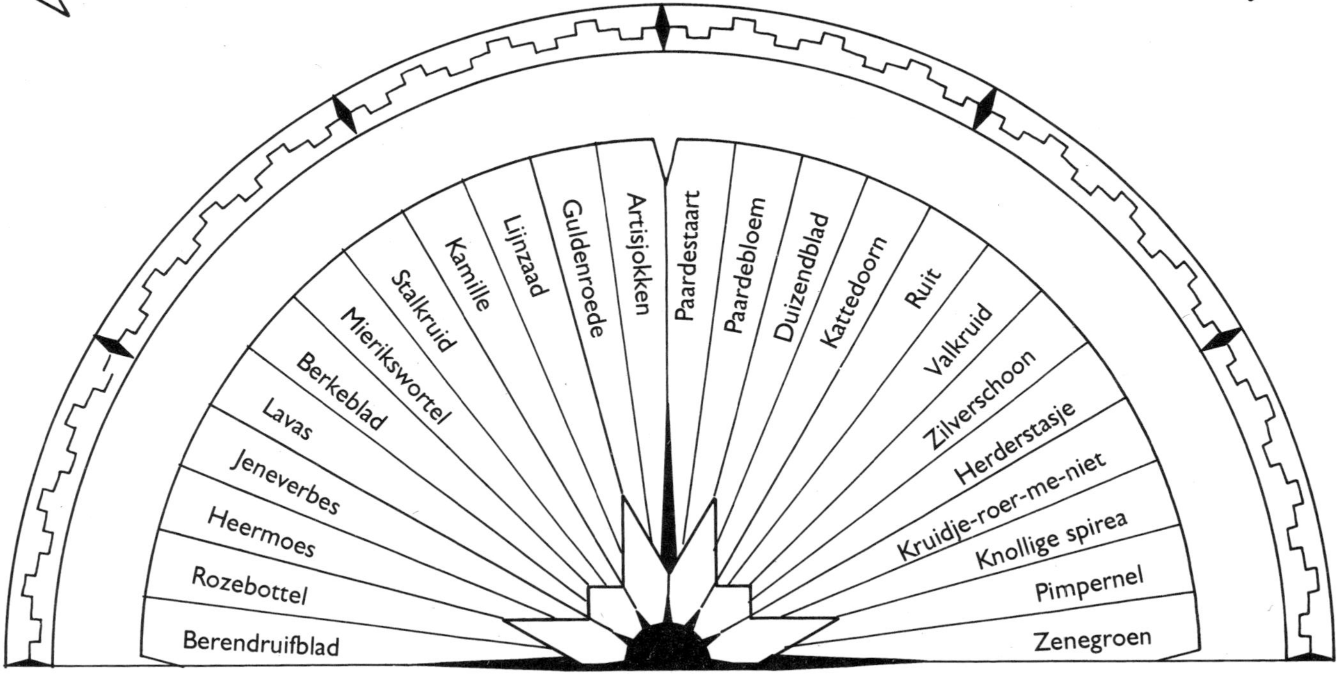

urinewegen en blaaskruiden
welke is voor mij het meest werkzaam?

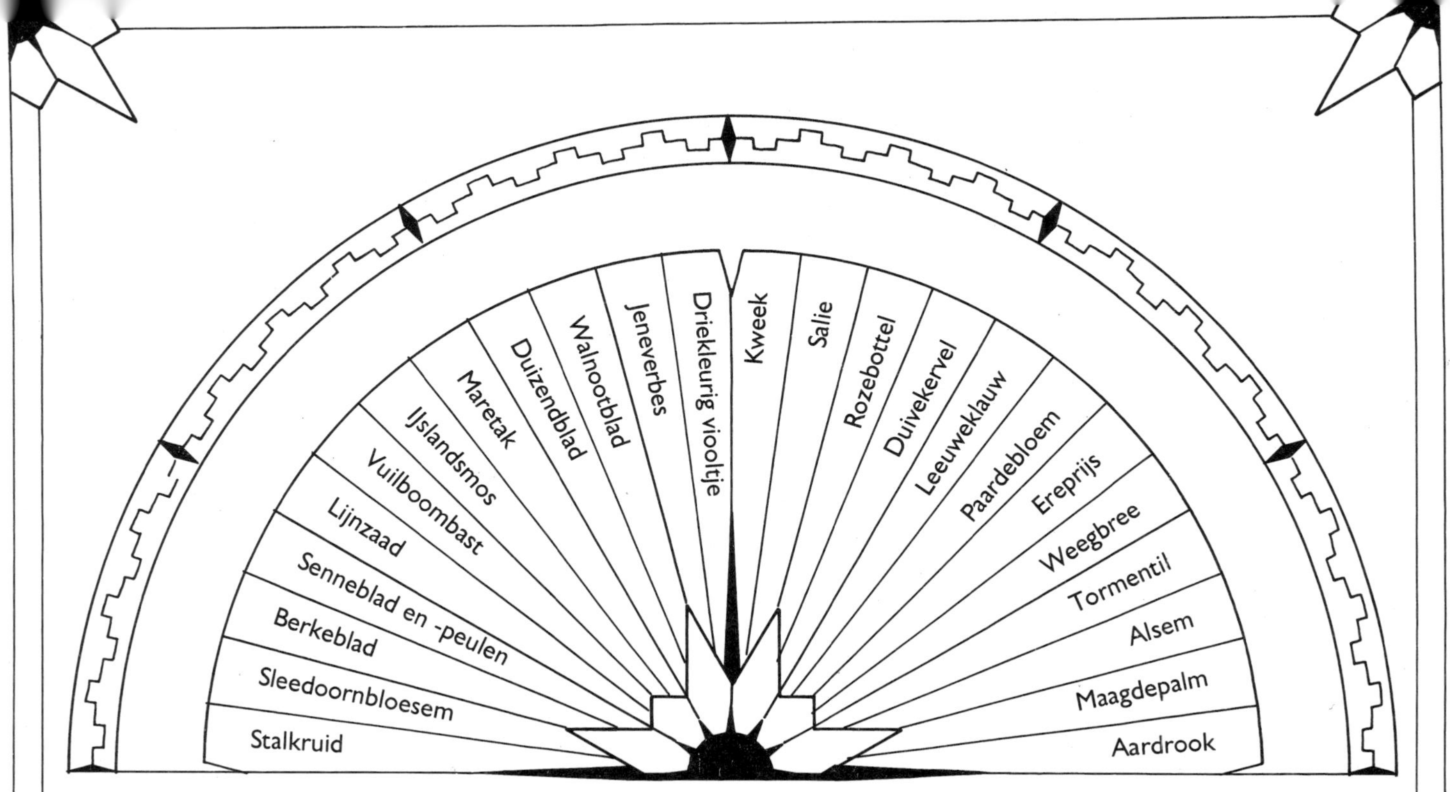

kruid van de bloedzuiveringskuur
welke is voor mij het meest werkzaam?

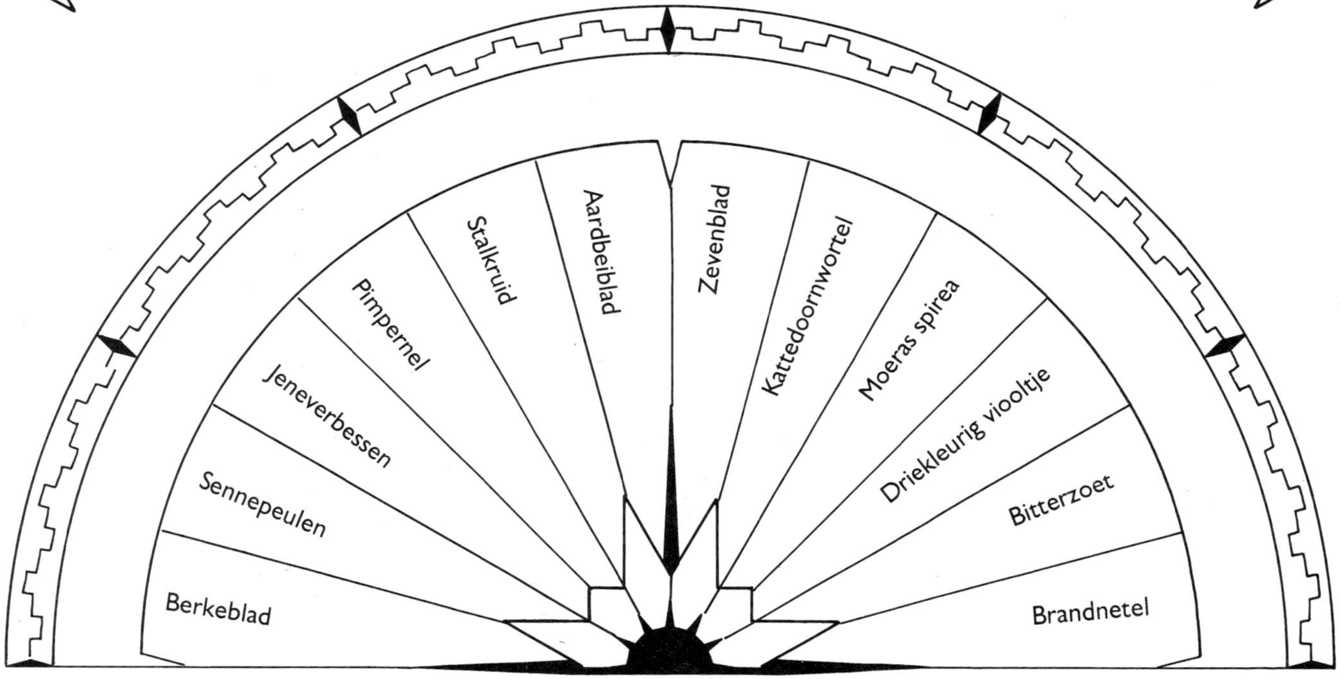

kruiden tegen rheumatiek
welke is voor mij het meest werkzaam?

AANTEKENINGEN